河北省社会科学基金项目

课题名称：河北省"全民健身"和"全民健康"深度融合的机制与路径研究。

项目批准号：HB22TY024。

全民健身的理论与路径研究

米 珊 宋亚洲 王 双◎著

吉林大学出版社

·长春·

图书在版编目（ＣＩＰ）数据

全民健身的理论与路径研究 / 米珊，宋亚洲，王双
著 . -- 长春：吉林大学出版社，2023.6
ISBN 978-7-5768-2224-3

Ⅰ . ①全… Ⅱ . ①米… ②宋… ③王… Ⅲ . ①全民健
身－研究 Ⅳ . ① G811.4

中国国家版本馆 CIP 数据核字 (2023) 第 197178 号

书　　名　全民健身的理论与路径研究
　　　　　QUANMIN JIANSHEN DE LILUN YU LUJING YANJIU
作　　者　米　珊　宋亚洲　王　双　著
策划编辑　殷丽爽
责任编辑　殷丽爽
责任校对　曲　楠
装帧设计　守正文化
出版发行　吉林大学出版社
社　　址　长春市人民大街 4059 号
邮政编码　130021
发行电话　0431-89580036/58
网　　址　http:// www. jlup. com. cn
电子邮箱　jldxcbs@ sina. com
印　　刷　天津和萱印刷有限公司
开　　本　787mm×1092mm　1/16
印　　张　15.5
字　　数　280 千字
版　　次　2024 年 3 月　第 1 版
印　　次　2024 年 3 月　第 1 次
书　　号　ISBN 978-7-5768-2224-3
定　　价　72.00 元

前　言

随着社会的快速发展，人们的生活水平日益提高，单纯的物质生活已经满足不了人们的需求，再加上社会环境和自然环境在一定程度上威胁着人们的身心健康，因此人们对健康的关注度日益增加，全民健身也被更多的人所了解和认识。全民健身是实现人类健康，促进人类进步的重要手段。全民健身不仅为人们的生活带来了全新的体验，使人们实现了身心健康、和谐发展的目标；同时，全民健身作为一种社会文明，已影响到社会政治、经济、文化生活的方方面面，并促进了人们生活方式的转变，引导人们向着健康的目标前进。

我国自 1995 年开始实施《全民健身计划纲要》以来，第一期工程已基本实现其目标。第二期工程也已启动，并在着力建设全民健身多元化服务体系方面取得初步成效。及时总结积累的宝贵经验，强化形成的各种认识，探讨全民健身活动的规律，找出全民健身活动发展中的差距和不足，是进一步推动全民健身活动发展，形成全民健身体系的需要，也是我们体育社会科学研究者义不容辞的责任。基于这样的思考，本书将"全民健身的理论与路径研究"作为研究方向，力图从宏观方面对全民健身若干问题进行归纳总结，对某些问题做较深入的理性探讨，提炼出一些带有规律性的认识，希望对全民健身的发展有所帮助。

本书在内容上共分为七章，其中，第一章为全民健身概述，分别介绍了全民健身的概念和内涵、作用与地位、内容与特征以及产生与发展；第二章为全民健身的理论与方法，分别从全民健身的科学理论、基本原则和科学保障理论与方法三个方面进行了研究；第三章为全民健身背景下不同健身目标的运动，分别从热身运动、有氧运动和塑形运动这三个方面进行了研究；第四章为全民健身背景下不同年龄阶段的健身，分别对青少年儿童的健身、中青年的健身以及老年健身这三个层面进行了分析；第五章为全民健身的实践路径，分别从全民健身的学校健身路径、社区健身路径和农村健身路径三个方面对全民健身的路径进行了实践探索；第六章为全民健身体系的构建路径，分别对全民健身制度保障体系、全民健身组织管理体系、全民健身服务时间体系这三个体系的构建路径进行了探究；第七章为全民健身与全民健康融合的理论与实践研究，研究了有关全民健身与全民健康融合的相关问题。

本书通过这七章的内容，对当代全民健身的各方面的理论进行了深入的研究，并探析了当代全民健身的实践路径，以帮助读者对全民健身的理论和实践路径有更多的了解，推动我国全民健身体系的发展。

在撰写本书的过程中，笔者得到了许多专家学者的帮助和指导，参考了大量的学术文献，在此表示真诚的感谢！但由于作者水平有限，加之时间仓促，本书难免存在一些疏漏，在此，恳请同行专家和读者朋友批评指正！

米珊、宋亚洲、王双

2022 年 7 月

目录

第一章　全民健身概述

本章为全民健身概述，主要介绍了全民健身的概念和内涵、作用与地位、内容与特征、产生与发展等方面，帮助读者能够对全民健身每一个更清楚的认识。

第一节　全民健身的概念和内涵

一、全民健身相关的概念

（一）健身的概念

通过对健身进行研究后发现，健身活动在世界不同国家和地区都有不同的称谓，所以在概念和内涵上都有所差异。无论是东方国家，还是西方世界，人们对健身的认识相对统一，那就是强健体魄、修炼身心。因此，健身在某种程度上与我国传统养生的含义基本相同。我国传统养生方法以独特的运动方式，达到维持生命、延长寿命的目的。

如今，社会经济快速发展，人们的物质生活水平不断提高，对健康的生活有着更多的需求。但社会大众对健身的认识相对浅显，很多人认为健身就是参加体育锻炼，实际上健身的含义不局限于此。"健身"一词在 20 世纪 90 年代提出，当时，除了医疗手段，其他所有为获取健康而采用的方法与手段都被纳入健身的范畴。在众多的健身方法与手段中，人们采取体育运动来实现健身目的的这种方式即被称为体育健身或运动健身。

20 世纪 90 年代后期，我国从国外引入大量的与健身相关的文献和资料，从此，人们对健身有着更加深刻的理解和感悟。

林建棣在《体育健身指南》中指出，从实质上来看，健身就是促使人的身体健全和体质增强。

毕春佑在《健身教育教程》中指出，健身即建设和健全人的身体，实际上就是增强人的体质，这与上述观点完全一致。

朱金官在《健身健美手册》中指出，健身是指通过对一定身体锻炼方式的运用来实现促进体质强健的目的。

不同学者对"健身"含义的界定都有各自的侧重，在分析相关研究论点后可以对"健身"进行以下定义：健身是指采取各种体育手段，结合自然力和卫生措施，以提高身体机能、增进健康、增强体质和愉悦身心为目的的身体活动过程。健身中有多方面的行为，包括智力行为、肌体行为和社会行为，实施这些行为都是为了改善身体健康状况，所以健身的主要目的是获得健康。

现代健康新观念认为，健康不仅包含身心全面发展，同时还包括心智全面发展，以及人与社会的协调统一。但在大众群体中，并不是每个人都了解"健康"的全部概念。很多人认为，健康就是身体没有疾病，只要加强锻炼、合理膳食就可以获得健康。其实并不是这样，健康的内涵不仅仅是没有疾病那么简单。

在1948年世界卫生组织（World Health Organization，WHO）成立时，其宪章中明确指出：健康一方面指的是没有将衰弱与疾病表现出来，另一方面指的是无论是在社会适应方面，还是在心理方面和生理方面，均达到一个十分完美的状态。健康包括三个层面的含义，首先是自然性的健康，人在自然中生活，人的组织器官以及生理功能良好，这是生物上的健康状态；其次是文化性的健康，人作为一种高级动物，拥有自己的思维，有着丰富的内心世界，人的生活就是适应自然和改造自然，从这层意义上来看，文化层面的健康就是心态及行为规范上的健康；最后是社会性层面上的健康，人具有社会属性，健康的活动通常是个体行为，但必然会受到特定的社会制度、道德规范及人际关系等方面的制约，因此健康的心理品质就是社会层面上的健康。总体来看，判断人是否处于健康状态，不能只看其是否患病，一定要从生理、心理及行为等多方面综合分析，不仅要看身体上的器质性或者功能性有无异常，还应观察其有无主观不适感，外在是否具备社会所公认的不健康行为。

综上所述，健身不仅体现出传统养生的含义，而且体现发展身体、完善人体、增强体质等现代内容。人们通过运动健身，不仅使身体从弱变强，而且会使整个人从不完善到完善。所以，"养生""发展身体""增强体质""完善人体"等词都可以打上健身的烙印。这些词语的内涵都可以在健身中体现出来，所以说健身是一个综合性词汇，既包括强健身体，又包括健全身心。

（二）全民健身的概念

在《全民健身计划纲要》当中非常明确地指出了，为了可以让群众性的体育活动更加广泛地开展，使广大人民群众的体质得到进一步的有效增强，快速推动和促进社会主义现代化建设事业的全面发展，经过一系列的全方位考察、调研和综合研究之后，专门制定了这一纲要，其中社会主义现代化建设事业、群众性体育活动及人民体质是三个主要的关键词。由此，不仅可以看出全民健身的目的和主体，还可以看出全民健身的内容。

全体国民是全民健身计划全面开展和实施的重要主体与对象。全民主要指的是有着中国国籍的全体国民，同时也包括了众多旅居国外的侨民。健身主要指的是通过各种方式进一步增强，以及充分维护人的身体健康。众多优秀的学者在经过全面的综合调研和分析之后，从方法与对象的层面定义"全民健身"，主要指的是全体人民为了可以使自身的体质得到进一步的有效增强，通过各种不相同的方法和手段，从而快速实现健身的最终目的。

董新光在《全民健身大视野》一书中认为：在我国"全民健身"除了是一个词语，随着人们生活水平的逐步提升已经逐渐成为社会主义建设的事业之一，以及全国人民不可忽视的体育实践，同时随着时间的推移和人民物质、精神水平的进一步提升，在20世纪末逐渐成为十分独特的社会现象和局面，也成为体育热点。人们所使用的"全民健身"的含义，已经不仅是全国人民来健身的字面意义了，也逐渐成为众多的代名词，如"全民健身事业""全民健身工程"等，这些均在一定程度上促进和推动了我国人民身体的健康发展。

我国全民健身的功能和作用已经不仅仅局限于强身健体，它所倡导的积极向上、团结合作、崇尚规则、公平竞争、人与自然和谐共生的精神与和谐社会的理念是完全一致的。所以，要深入研究和思考在以人为本、加快发展社会事业、全面改善人民生活中，如何更好地发挥全民健身的综合功能和作用，使全民健身不仅成为身体运动，更要成为一种生活方式，一种促进人的全面进步和发展的巨大动力，一种推动社会和谐、邻里和顺、家庭和睦的有效手段。

随着全民健身意识的不断提升，"全民健身"逐步延伸和演化成为"中国特色的大众体育"的相关含义，它包括多个方面，如全民健身活动的组织、全民健身活动的分类和基本内容等。

二、全民健身的内涵

从《全民健身计划纲要》在我国正式颁布和全面实施以来，群众体育得到了快速的发展，并取得了较好的效果和成效，为了让我国群众体育事业得到进一步的稳定和增强，先后颁布了一系列的政策文件，虽然我国颁布的政策文件没有直接定义全民健身，但是依旧能够非常直接地解读全民健身的基本内涵，如表1-1-1所示。

（一）全民健身的基本含义

表 1-1-1　国家政策文件中与全民健身含义相关的内容

来源 （发布时间）	与全民健身含义相关的内容
全民健身计划纲要 （1995 年 6 月）	全民健身计划以全国人民为实施对象，以青少年和儿童为重点； 要对学生进行终身体育的教育，培养学生体育锻炼的意识、技能与习惯； 以普遍增强人民体质为重点
全民健身计划 （2011 年 2 月）	全民健身关系人民群众身体健康和生活幸福，是综合国力和社会文明进步的重要标志； 丰富人民群众精神文化生活，形成健康文明的生活方式，提高全民族身体素质、健康水平和生活质量，促进人的全面发展，促进社会和谐和文明进步，努力奠定建设体育强国的坚实基础； 城乡居民体育健身意识和科学健身素养普遍增强，体育健身成为更多人的基本生活方式； 坚持健康第一指导思想，把增强学生体质作为学校教育的基本目标和重要评价内容； 重在参与、重在交流、重在健身、重在快乐
关于加快发展体育产业促进体育消费的若干意见 （2014 年 10 月）	以邓小平理论、"三个代表"重要思想、科学发展观为指导，把增强人民体质、提高健康水平作为根本目标，解放思想、深化改革、开拓创新、激发活力； 树立文明健康生活方式，推进健康关口前移，延长健康寿命，提高生活品质，激发群众参与体育活动热情，推动形成投资健康的消费理念和充满活力的体育消费市场； 营造重视体育、支持体育、参与体育的社会氛围，将全民健身上升为国家战略

全民健身活动作为健身活动之一，主要的实施对象是全国人民，并且重点是儿童与青少年。体育在我国社会主义制度的相关要求下，实际上是广大人民群众的体育，所以为了实现广大人民群众的健康是体育最集中和最根本的表现，通过各种不相同的方式使广大人民群众对体育的实际需求得到充分的满足，通过全民健身的方式让我国全体国民的健康水平得到一个较大幅度的提升，让我国全体国民尽可能地改变"食物进补、药物保健"此种错误的认识或者看法，最大限度地使广大人民群众在体育锻炼意识方面形成正确、合理的认识，并且在此相关基础上逐渐形成正确、科学、合理的体育健身观，最终让广大人民群众的日常生活变得更加的幸福与美满。

全民健身从某种意义上来说是一个培养的过程，并且是终身体育意识的培养。全民健身实际上是在以前大范围组织和开展众多体育工作的重要基础上，从社会主义市场经济发展的层面入手，让我国广大人民群众通过科学、合理和正确的健身方式，进一步感受、享受及体验广大人民群众自身的健身效果，促使我国广大人民群众逐渐养成科学、有效的良好健身习惯，从而进一步培养广大人民群众在终身体育方面的相关意识。

全民健身作为生活方式之一，十分文明和健康。无论是全民健身的内容，还是全民健身的形式，均被赋予了十分丰富的价值，同时全民健身在广大人民群众实际的生活当中拥有了比以前更多的可能性，全民健身使得全体国民的实际生活得到了进一步的有效扩展和延伸，同时也使得全体国民的实际生活逐渐融入全民健身之中，当全民健身真正地融入和渗透广大人民群众实际生活中，也就正式上升成为十分健康文明的生活方式之一。

（二）全民健身的基本特征

在重要的指导思想方面将"人本性"重点凸显了出来。一方面，体育作为活动，不仅应该关注和直面人的生命，还应该创造和提升生命的价值和质量。另一方面，体育作为一项事业，将人的生命关怀充分地展现出来，促进和推动人的全面、快速发展既是体育最根本的源泉和动力，也是体育存在的重要价值。所以，将人在主体方面的关键意识全面唤醒，并且让人成为主体，是我国目前体育改革的主要方向。《全民健身计划纲要》的主题是"以人为本"，同时把尊重人和生命作为最高价值，积极倡导关注生命，并且通过各种方式努力提升与发展生命，这一理念的全面贯彻要求主体真正、快速地实现全民性，促进和推动人的全面发展，最终让体育更加具有生命的活力。

体育功能将"全面性"充分地反映出来。它主要强调了在组织和开展体育工作的过程当中，全民健身应该与社会各个方面的发展保持一致。例如，人的全面发展、群众与竞技体育的协调发展等。在组织和开展体育工作的过程当中应该将目标设定为，始终坚持增强和提升广大人民群众的体质，通过各种方式使广大人民群众的生活质量以及身体方面的素质得到较大幅度的有效提升，在重视和强调体育促进广大人民群众和社会经济全面发展重要性的同时，也应该将体育在促进和推动广大人民群众和经济社会全面发展的重要作用充分发挥出来，从而快速实现群众与竞技体育的相互协调发展，最终推动和促进我国从以前的体育大国逐步向体育强国迈进。群众体育可以在一定程度上为竞技体育的快速发展提供一个非常好的社会人文环境，竞技体育则是群众体育快速发展的关键所在，由此可知群众体育和竞技体育二者之间有着不可分割的紧密联系，二者相互渗透和依靠，共同促进和推动我国全民健身的发展。

全民健身在开展和组织的方式上将"服务性"充分地展现出来。众所周知，公共服务设施是全民健身锻炼的重要载体，如固定的器材设备、运动场地等，这些是政府全民健身计划不可忽视的重要组成部分，除了按照社会健康文明的实际需要设计建设，还严格按照广大人民群众在身体方面和心理方面发展的众多特殊需要设计建设，将价值取向和生活方式充分反映出来的同时，也将广大人民群众对生命与生活质量的相关态度、期望进一步地展现出来。这些要求和期望反映在人们的日常生活中，渗透于健身活动中，形成具有代表性的健身资源，集中体现了社会成员的体育生活。[①] 公共服务一方面是政府的主要手段，用于解决社会当中出现的各种公共问题，以及更好地维护社会经济秩序的有效发展，另一方面还是对资源进行重组的重要过程，主要目标是快速实现和完成自由市场主体无法解决的相关问题。我国政府通过不同的方式对全面健身的公共服务体育进行调整和完善，其好处是可以为我国广大人民群众提供一个良好的锻炼条件，并且这也是我国群众体育全面发展的基本要求。也正是因为如此，努力推动和促进体育公

---

① 宋杰等，任保国. 对当前社区体育设施配置若干问题的思考 [J]. 体育与科学，2007（5）：49-52.

服务快速建设，对进一步真正落实全民健身计划有着非常重要的意义和作用。

全民健身在组织形式上把"社会性"充分地展现出来。全民健身的主要目标是公共参与，重点关注和强调体育社会组织的培养与企业化取向、社会体育组织的培养与网络体系建设、全体公民参与和社会的发展、社会发展与城市社区体育自治二者之间的关系。建立的体育公共服务体系应该由政府、企业等多方共同参与生产与供应产品，在注重和强调体育社团培育和发展的同时，也应该对非营利体育组织的培养和发展给予一定的关注，重视体育社团的运行机制、社会责任、主体地位等。这些举措极大调动了社会各个方面的积极性，促进了社会调节与政府管理权力之间的互动、社会自治功能与政府行政能力互补，进而也有效整合了社会资源。广泛动员社会力量参加体育公共服务是推进全民健身的有效措施。不同级别或类别的社会体育团体组织犹如血管对人的作用，是体育迈向社会化不可缺失的重要条件，是全社会发展体育事业的依托，对推动群众性体育活动有着重要意义。

第二节　全民健身的作用与地位

一、全民健身的作用

（一）保障个体健康

在健康中国的建设中，全民健身是促进个体健康的保障。全民健身的首要作用就是要实现个体健康。

如今，广场舞、长跑、散步等健身活动已经成为大众喜闻乐见的健身方式，养生之道、健身之法一度成为社会的热潮，这所有的一切源于人们对体育的深入理解，对健康的深入认知以及全民健身的彻底领悟。

从历史上某些国家的发展经历来看，缺乏身体锻炼、健身意识不强是经济转型时期普遍存在的问题，这往往导致国民体质和健康水平逐步下滑，冠心病、癌症、糖尿病等疾病日益普遍，健康问题成为社会发展的严重威胁。而全民健身是一种自立、主动、非医疗的健康干预手段，能够最有效、最便捷地提高人体身心素质。广大群众的积极参与是全民健身的基础条件，个体健康是全民健身的最基本诉求，全民健身应该以每一位国民的健康为本源，全民健康的实现是从个体健康开始的。

真正意义上的健康包括身体健康、心理健康、道德健康和社会适应能力方面的标准，形成了生物、心理和社会的三维立体概念，也就是三维健康观。人在全民健身中参加某项具体的身体活动，应该有适量的运动标准，通常运动心率控制在每分钟 120～150 次，锻炼时间为 20～60 分钟，锻炼频率为每周 3～5 次，这样可以取得较好的健身效果，有利于人体健康。

（二）推动社会健康

社会健康作为更高级别的形态，主要是以个体健康为基础的，并且社会建设与个体健康相比属于更高的级别和层次。社会健康通常情况下也被称为社会适应性，主要指的是个体适应社会环境，有着非常好的人际关系，以及快速实现社会角色的相关能力，并且由上层建筑与经济基础构成的整体表达的健康状态。

全民健身具有推动和促进社会健康的重要作用，需要从全面改变广大人民群众实际的生活方式开始，借助家庭、个体及社会的群策群力，最终促使广大人民群众逐渐形成健康生活的良好意识和生活方式。从某种意义上来说这是快速推动和促进社会健康的重要和关键内容，具体而言是从以治疗为中心的被动逐渐转变成以预防为中心的主动，健康干预模式从以依赖型逐渐转变成自立型，是在健康管理的过程当中灵活运用非医疗或者医疗的手段和方式对其进行相应的医疗干预，在广大人民群众的日常生活当中全面建立的快速促进健康行为，并将努力消除众多危害健康的不良行为。

全面推进全民健身战略，开展全民健身运动，通过全民健身一点一滴地改变人们的生活方式，这在促进健康行为中是不可或缺的。全面开展全民健身运动，增进社会健康，为老百姓的健康谋福祉，这是国家保障公民权益、政府履行职能的体现，如今也成为衡量社会文明程度的重要标尺。

全民健身实际上一种非常健康积极、主动的生活方式，它不仅有着较高的收益，成本还较低。随着时间的推移，全民健身已经逐步得到我国广大人民群众的认可与接受，具有深厚的群众基础。全民健身的特点是：参与人群众多、门槛低、渗透性强。广大人民群众在健身活动中可充分锻炼身体，获得积极的体验，释放自己的压力，还养成了诚实守信和公平公正的良好社会道德素养。因此，通过上文的内容我们了解到全民健身可以促进和推动社会主义精神文明快速建设的同时，也快速促进和推动我国社会主义核心价值观的全面实践，从而快速推动和促进社会健康。

（三）实现全国健康

全国健康是超越个体健康，在社会健康之上的终极健康形态，发挥全民健身的独特作用，促进全民健身与全民健康的深度融合，推动全民健身战略的落实，真正意义上实现全国健康。

全民健身战略的落实，是真正实现全国健康，实现健康中国的迫切需要和重要举措。没有全民健康就没有全民小康，所以全民健身对于全民健康、健康中国乃至全面建成小康社会的建设都具有重要意义。

《全民健身计划（2016—2020年）》提出以立体构建、整合推进动态实施的理论和方法指导全民健身的落实，从而推动健康中国的建设，实现全国健康。立体构建是全民健身的顶层设计，通过宏观思维进行合理的战略布局，从战略高度布控严谨而周密的计划，确保路线与方针政策和中央高度一致；整合推进就是在全民健身工作的推进中，做到精诚团结，调集各方力量，整合资源，努力达到事半功倍的合力效应，从而实现既定目标和任务；动态实施就是全民健身战略要落实下去，将全民健身理论与实践相结合，不搞教条主义和形式主义，结合实际情况不断对目标、策略、举措进行改进和调整，从而达到动态平衡。

同时，始终坚持党中央、国务院的领导，抓住全民健身和健康中国战略这两个重大历史机遇，全面探索体质健康测定与社会健身指导站、社区医院等社会资源相结合的运行模式，进一步完善国民体质测试常态化机制。以健康为中心，建立更加便利的全民健身指导体系，通过"社会营销"理论，向民众传播健康的生活方式，普及全民健身教育，使全民健身成为社会潮流。此外，要落实"四个全面"的战略布局，从促进整个国家经济社会发展的大局出发，对维护和促进国民健康进行制度性安排，为实现中华民族伟大复兴的中国梦作出积极贡献。

除此之外，全民健身可以使我国的医保支出压力得到较大幅度的缓解，使医保当中存在的各种难题得到有效解决的同时，也进一步缓解了医疗卫生的巨大负担。医疗卫生领域与健身领域共同合作，通过各种方式共同对全国范围内存在的健康问题进行突破和破解，并且充分解决全民健康过程当中遇到的挑战与问题，从而快速实现健康中国的美好愿景。

（四）保证社会的良好运行

人的全面发展实际上是社会发展的本质。我国社会发展总体内容的重要组成部分是全民健身事业。随着经济全球化趋势的不断深入，我国从进入 21 世纪以后，社会发展在其全面的影响下虽然正式进入了小康阶段，但依旧存在很多问题。

随着经济全球化趋势的不断深入，我国与世界各个国家的联系也日趋紧密，促使我国的政治、经济、文化、科技等得到了快速发展，电气化、机械化及自动化得到了较大幅度的提升，在科学技术的影响下信息技术快速发展，并且在人们的日常生活当中现代化的交通工具得到了非常广泛的普及和推广，减少和缩减了人们从事体力劳动的时间。人们在家用电器广泛使用，以及家务劳动逐渐社会化的影响下，劳动时间也大幅度的降低。同时，伴随着社会竞争的日益激烈，与以前生活相比逐渐加快的生活节奏，让人们时常处于一种十分紧张的不良状态当中，并且在精神方面产生较大的压力，因此滋生蔓延了很多"文明病"，对广大人民群众的生活产生了非常大的困扰。

全民范围内的运动健身正是在这一背景下发展起来的。有研究表明，有效防止和预防现代"文明病"的手段和方式是体育运动。自动化、电子化及机械化的程度越高，就越会剥夺人们体力活动机会，人体机能因为缺少一定的运动会逐步消退，因此预防和防止现代"文明病"最好的方式和手段是人体进行适当的体育活动与锻炼。体育与文化、教育等共同在社会、经济快速发展的过程当中起到了推动和促进社会良性运行的重要作用，其中体育的重要"助推器"是全民健身。因此，全民健身不仅使我国体育事业得到了快速的发展，还在一定程度上促进和推动了社会的良性运行。

（五）促进体育经济和产业发展

全民健身可以创造出一个非常庞大的体育消费群体，当前随着农村的城镇化和城市的社区化发展，不仅培育了体育市场，还使体育市场得到了快速的发展。随着经济、文化全球化趋势的不断加深，我国社会从现在一直到 21 世纪中叶，必将全面实现从第二步发展战略向第三步发展战略的快速转变，具体而言是从小康社会快速向着中等发达国家过渡。广大人民群众的生活水平得到全面的提升，在此影响下广大人民群众在物质方面的消费呈现下降的趋势，这与广大人民群众健康生活有着密切关系。

因为广大人民群众对生活质量和健康的需要是没有限制的，所以广大人民群众对体育的消费要求也是无限制的，通过上述内容我们可以推测出全民健身将带来非常巨大的体育消费市场，同时全民健身也会在一定程度上快速推动和促进体育产业的全方位发展。除此之外，还能够带动旅游、交通等服务行业的快速发展，并且对国内生产总值的提升也是十分有利的，促进和推动其快速提升，从而获得较好的经济收入。

二、全民健身的地位

（一）健康中国的践行者

全民健身是健康中国的践行者，是健康中国建设的重要途径和手段，是从理念提出到行动落实的重大举措。

2018 年统计报告数据显示，我国居民中，因为慢性病死亡的人数已达总死亡人数的 86.6%，比例之高令人咋舌。像高血压、糖尿病这些慢性疾病，传统的医学手段只是通过药物和其他医疗手段进行暂时的调节和控制，无法彻底治愈，且疗效并不稳定，用药周期长，使得人体产生抗药性，后期只能通过加大药物剂量或者改变药物种类来维持生命。

此外，患慢性病患者的年轻化趋势越来越明显，这为所有人敲响警钟。很多专家学者试图攻克慢性病这一世界性难题，希望能够帮助人们摆脱"亚健康"的枷锁。多方研究证实，参加体育运动是控制慢性病最行之有效的办法。

众所周知，全民健身号召人们参与到体育运动中去，是实现全民健康的非医疗干预手段中最有效的。全民积极、主动地参与体育健身活动，能够使众多慢性疾病的发展得到有效控制的同时，还可以真正实现对自身的健康管理。随着全民健身事业的快速发展，全民健身构建了全民健康的重要保障体系，既做到了标本兼治，又做到了攻防兼备。全面健身作为一种非医疗的方法和手段对健康进行干预，使得用医疗对疾病进行预防的方式和手段被取代，从而使广大人民群众的健康得到确切的保障。与此同时，也能将全民健身作为"互补品"，真正实现和完成多个不同领域的协同互补和协调发展，从而全面实现全民健康和全民健身，建成健康中国。

（二）健康中国的推动者

全民健身是健康中国的推动者。通过全民健身的落实，可以推动健康中国的建设。健康中国打破传统模式，跨界融合体育、教育等领域，全民健身作为体育领域的内容，在健康中国建设中具有特殊意义。

1. 体医融合

首先在于预防。要形成"运动是预防"的思想。全民健身是全民健康的阵地，是医学治疗的前卫表现。在全民健身的工作中，为广大参与的群众制订科学的运动健身处方，加强体育运动医务监督，以保障全民健身活动科学运行，达到预期效果，同时也保障人体健康，预防运动损伤和其他疾病，达到预防的功效。

其次在于恢复。"运动是刺激"已经得到了承认和运用，出现伤病，传统做法是直接休息，而现今提倡进行一些合理运动负荷的康复训练，以保证关节不会因没有受到刺激而出现"弱化"问题。

2. 体卫融合

（1）外部环境，主要指的是与全民健身活动相关的内容，如时间安排、选址等。

（2）内部环境，主要指的是和全民健身公共体育服务相关的内容，如健身人员的卫生条件、健身场地的卫生状态等。

（三）健康中国的引领者

全民健身是健康中国的引领者。在健康中国建设中，全民健身发挥着带头作用，引导着健康中国建设的方向，具体表现为以下3个方面。

1. 引领健康中国建设

参与体育运动等同于形成健康的思想，树立全民健身抵抗疾病的观念，推广"运动是良医"的理念，相信运动健身是很多慢性病重要的非药物治疗手段。

此外，广大人民群众还要有储存健康的思想意识，即开拓医保卡的健身功能，将医保卡的治病功能发展为防病功能。通过全民健身，迁移健康的阵线，做好全民健康保障，进而引领健康中国的建设，实现全民健身与全民健康的深入融合。

2. 引领健康生活方式

如今，跑步、广场舞、散步等简单易行的运动健身方式非常流行。在社区、广场、公园、河岸都能看到参加健身锻炼的人们。全民健身已经发展为一种社会文化，人们对体育运动的理解也向科学健身靠拢，在健身过程中寻求身心健康的共识，发展健康的生活方式，运用多彩、丰富的健身形式构筑疾病防治的第一道防线，运用灵动的身体活动勾勒出健康中国的宏图。

3. 引领全民健康服务

在全民健身成为我国非常重要的国家战略以后，各地的体育部门在综合考虑当地实际发展情况之后不断地深化改革，积极地深入研究和探索全民健康和全民健身有机融合的重要机制。国家政府不仅投入了大量的物力和人力，还投入了非常多的财力，对我国的公共体育服务设施进行全面建设，并且通过各种不同的方式努力建立健全全民健身服务体系，以便为更多的人主动、积极地参与体育健身创造更加有利、方便的条件，从而最终使更多的人从全民健身发展的过程当中获得更多的好处和利益。

第三节　全民健身的内容与特征

一、全民健身的内容

（一）我国大众健身人群的健身活动内容

1. 个体健身活动的内容

近些年开展的《中国群众体育现状调查结果报告》显示，我国体育人口选择的健身活动排名前列的分别是步行与跑步、羽毛球、游泳、足篮排球、乒乓球、体操、登山、舞蹈、台球与保龄球以及跳绳。近些年来，体育人口的增长明显，中老年体育人口的上浮最为显著。为此，适合中老年人参与的项目也逐渐增多，如气排球、高尔夫、门球以及地掷球等。过去备受青睐的益智类项目如麻将、棋牌等参与的人数相对有所减少。

2.群体健身活动的内容

随着全民健身运动的深入发展，大众健身从过去几个单调的项目发展到现在在全民健身路径上锻炼。不仅如此，更多有趣又具备十足健身功能的项目不断被引入和创新出来，如现在非常热门的太极柔力球运动，它是结合了羽毛球与太极拳的技术和思想设计出的一套合理的健身方法，这项运动目前在我国的中老年群体中非常受热捧。再如，上海市某社区针对老年男子缺少锻炼项目的特点，设计出一套老年拐棍操，其动作合理，诙谐有趣，既有一定的艺术性，又没有丧失健身功能，可谓是非常成功。

（二）我国商业健身人群的健身活动内容

商业健身服务业是通过向客户提供优质的体育健身产品和优良的服务从而满足客户健身需求的服务行业。目前，这一行业在我国的发展势头迅猛，随着人们消费意识、健身意识和健身体验要求的提升，商业健身人群的数量也在逐渐增多。

商业健身服务业是体育产业的重要组成部分，并且其也是全民健身的重要组成部分。但是，一种反对声音认为这是一种更倾向于服务富人阶层的运动形式，并不能代表全民健身。仔细来看其实这种说法也有一定的局限性。第一，无论是商业健身机构还是参与其中的健身者，他们的目的一是提供优质的体育服务，二是希望通过获得这种优质的体育服务来达到健身的目的。第二，由其目的决定，商业健身是大众健身的组成部分之一。第三，尽管更多地参与商业健身的群体是一些有一定经济实力的人群，但如果他们能保证足够的运动时间，他们也绝对是优质的体育人口。第四，接受商业健身服务的人群可以得到更为专业的健身指导，如果再额外支付一定费用的话，还可以由私人教练制订个人健身计划。第五，商业健身活动可以提供更为优越的健身环境（健身场地、器材以及其他舒适性服务）。第六，商业健身组织机构是营利组织，他们以提供健身服务作为盈利的核心内容。第七，参与商业健身的人需要支付更多的经济成本。

通过上面的论述可以发掘到商业健身服务的五点优势。第一，可以满足特定社会阶层健身的需要和心理需要，这也是"市场细分"的结果，当然现今商业健身的门槛已经降低，会费不再高昂，一般民众通常也可以支付得起。第二，由于健身俱乐部的健身器材与服务条件较好，如此对健身者的健身目标的达成可以提供更加积极的帮助。第三，是体育产业发展的重要部分。第四，商业健身机构的运作增加了对人力资源的需求，提供了更多的就业岗位。第五，弥补公益性大众健身的不足。

商业健身活动中包含的运动项目主要有以下几类。健身操类，包括健美操、普拉提、肚皮舞及瑜伽课程。此外还有常见的动感单车、跆拳道及太空漫步机等。在一些高档健身会所中还有壁球、网球、沙狐球、高尔夫球等项目。当然项目中还包括最为基本的跑步机以及各部位肌肉的练习器械。从发展人的健康体能角度来看，这些产品中，有的更有利于发展人的力量，有的更有利于发展人的柔韧，有的更有利于发展人的有氧耐力。如果在合理的计划下，健身者在商业健身中可以获得非常全面的锻炼。

（三）我国全民健身活动中的竞赛内容

体育活动最为普遍的形式就是竞赛手段，因此其自然也就成为全民健身活动中的重要组织手段。

随着近些年全民健身的发展，已经有一些具有一定规模的赛事举办起来，成为全民健身运动的标杆，如"全国体育大会""民族传统体育运动会"等。除这些综合性的全民运动赛事外，全国单项群众体育竞赛活动更多，如全民健身路径的比赛、全国门球比赛、全国舞龙、舞狮比赛等。

将竞赛作为主要的组织手段，需要注意的是，全民健身中的竞赛不能够简单用竞技体育竞赛的方法来处理，它的竞赛理念应该是更健康和更具有文化性。在我国多数的大众体育竞赛中，盲目使用竞技体育的竞赛办法套用在大众体育的竞赛中还是比较多的，这就需要从意识和手段上加以改正和完善，力求更加突出全民健身的本质。

二、全民健身的特征

（一）健身性

全民健身的主要目的并非完全是竞技和争胜，它更多的是突出了健身运动项目的娱乐性和健身性特征。人们参与全民健身活动不仅可以使心肺功能得到改善，还能提升新陈代谢水平，全面增强体质，有效抵御各种常见疾病。从对心理方面的保健来说，还能消除焦虑、镇恐压惊、缓和紧张情绪，使人精神旺盛，心情舒畅。

（二）娱乐性

全民健身本身就有大量的娱乐和游戏色彩，这也是全民健身能够吸引到人们热情参与的重要原因之一。这样，人们在闲暇之中就乐于参与这类活动，以谋求身心的双重良好体验，而并非更多追求比赛带给他们的紧张感和压迫感。

（三）自主性

全民健身是在人们工作、学习乃至家务之余获得余暇时间得以参加的体育活动，它对于参与运动的人群来说，不是必需的，更不是强制的，没有固定的时间、地点和周期。人们是否选择参加全民健身活动全凭自主意愿，其选择参加的内容也完全凭借自身的兴趣、能力。由此可见全民健身具有显著的参与者自主性的特点。

（四）实用性

全民健身作为大众性体育运动，对其的开展就必须要求其组织简单、场地易寻、器材便宜，且不易受外界多种因素的影响。这就是全民健身的简单实用性，也可以被理解为是可操作性。目前在全民健身活动当中，如健美操、有氧跑、气功、武术等都具有简单实用的特点。

（五）全民性

以人为本，以全国国民为服务对象，竭诚为大众服务，惠及十几亿人口，保障公民平等参加体育的权利，让全体国民享受到体育的乐趣，人人都能够享有体育，而不是惠及一部分人，这体现出了全民性。同时，全民健身也体现了全民参与的社会性。全民健身活动不仅在于人人都有参与的权力，也有社会道德和公共规则的约束。

第四节 我国全民健身的产生与发展

一、我国全民健身的产生

（一）我国全民健身产生的背景

1.我国人口老龄化问题

由于我国在人口政策上的调整，使得 20 世纪五六十年代出生的人口爆涨，目前我国早已进入老龄化社会。

老龄化社会的到来会带来新的社会问题。首先，人们普遍考虑的就是衰老后的健康保持问题。通过访谈可知，我国 60 岁以上的老人，有 75% 的老人患有慢性疾病，而且从心理层面上讲，他们还面对孤独与抑郁。为此，参与全民健身活动就成为现代老年人群体排解寂寞、丰富生活的重要活动。通过参加全民健身活动可以延缓衰老，增进人与人之间的沟通，获得展示自己兴趣爱好的平台。

2.我国国民体质大幅度下降

我国自改革开放之后社会各领域特别是经济领域取得了卓越的成就，人们生活质量稳步提升，精神文明水平再上新高，社会一片欣欣向荣的景象。然而，社会物质生活水平的提升也带来了一定的负面作用，如人们的体力活动逐渐减少，一些不健康的生活习惯逐渐养成。这些都使得国民体质开始出现下滑，特别是青少年的体质下滑更受关注。

3.社会闲暇时间不断增多

1995 年，我国开始实行每周 5 天工作制制度，同时周总工作时间也减少 8 小时。除企事业单位外，学校也遵循这一制度推行了 5 天授课制。此外，20 世纪 90 年代末，在劳动节、国庆节、春节等重大节日期间实行与双休日连假的办法，延长了节日的度假时间，形成了假期较为集中的"假日黄金周"。这一制度的改变大大增加了人们的社会闲暇时间，而社会闲暇时间作为全民健身基本条件之一，其增加也为人们更好地参与全民健身活动带来了更多机会。

社会闲暇时间的增多必然带来了更多的闲暇人口。闲暇人口是指除正常工作、学习年龄外的人口。这类人口主要包括以下 3 类。

（1）各级行政机关、事业单位压缩减员和一些中小企业的离职员工。

（2）政府机关和企事业单位的退休人口。

（3）非正常社会闲暇人口，主要指农村、城市的"食息"闲暇人口。这些主要依靠出租土地获得生存经费的农村"食息"阶层更需要健康的指导。

（二）我国全民健身产生的基础

中华人民共和国成立以来，对群众体育事业非常地重视，颁布了一系列的政策法规用于促进群众体育事业的发展，并且在取得了长足进步的同时也创造了非常辉煌的业绩。所谓相对滞后，是相对于我国竞技体育发展而言。在新的历史条件下将群众利益与国家利益统一起来，维护广大人民群众的体育利益，逐步缩小我国群众体育与竞技体育的发展差距，是我国体育事业发展的必然趋势。

长期以来，我国人力、物力、财力中的大部分投向了竞技体育。政府财政拨款的 50% 以上用于包括优秀运动队、体育运动学校、竞技体育学校，重点业余体校、体育中学、普通业余体校在内的训练机构，尤其是优秀运动队和体育学校的一级和二级竞技体育队伍，占去了财政拨款的大部分。而群众体育获得的财政拨款，只占相当少的一部分。公共体育设施的本来含义是政府为公众建设的，满足大众体育活动公共需求的体育设施，但是这些公共体育设施主要集中在各级竞技体育训练基地，成为优秀运动选手服务的设施。正是这种投入结构，使我国竞技体育建设起了一个基础雄厚、结构合理、功能完善的体系，从而保证了我国在奥运会上取得了令人瞩目的成绩。竞技体育无论是在人力、物力、财力投入上，还是在一线、二线、三线队伍建设上，无论是业余体校、体育运动学校、体育工作大队的基地建设上，还是在教练员队伍、裁判员队伍、中等和高等专业教育、竞技体育科研机构建设上，都具有相当长的历史，形成了可以与发达国家抗衡的竞技体育发展规模和水平。

二、我国全民健身的发展

（一）我国全民健身发展的问题

1. 缺失健身观念和相应引导

目前，中老年人已经成为我国全民健身运动的主力军，并且参与健身运动也被中老年群体看作一项非常时尚的行为，能够参加健身活动也被中老年认为是体质水平良好的体现。不过，中老年人健身活动中还有一些问题尚未解决。这些问题主要为参加健身运动缺乏系统和科学的指导。尽管中老年人非常热衷参加健身活动，但由于在选择项目局限和参与运动的负荷量不科学等原因，导致他们并不能将健身的效益发挥到极致，并且由于没有科学的指导，还可能导致练习方法不正确，长此练习反而造成了一些如过度疲劳和肌肉劳损的症状，打击了中老年人参与健身活动的积极性，甚至怀疑运动健身的功能。而且参与者表现的随意性比较强，受心情、气候、闲暇时间的影响较大，缺乏持续性和系统性，使健身活动难以取得良好的效果。

2. 我国体育社会化程度较低

尽管我国民众在近些年来对于体育健身和终身体育理念有了较多的认识，并且越来越多的人乐于为体育健身消费。但从总体上来看，我国居民的体育价值观与发达国家的居民相比还相差较大，大多数人只是把运动健身单纯地看作一种强身健体的活动，而并没有将体育运动与精神作用联系起来，体育社会化还没有完全形成。究其原因，首先与我国的教育水准偏低有关，但问题绝不仅仅如此，它还关系着社会发展水平以及社会生产力等问题。其次是休闲、健身活动项目策划水平较低，没有进行项目的宣传，使休闲健身活动项目的吸引力和生存能力不强，而且休闲、健身活动资源开发不足。上述原因都会导致我国体育社会化程度偏低的事实。

3. 我国目前体育资源匮乏

目前，人们参与体育活动的主要场所并不是正规的体育场馆，而是某片空旷的场地、公共道路、公园等。虽然我国体育场地的数量已从中华人民共和国成立伊始至今有了爆棚式的增加，但通过仔细观察体育场地增长的绝对数量和分布区域来看，仍旧难以满足大众所需。就分布来看，67.17%的场地分布在学校，其他分属于各个企事业单位，体育场地的所有部门普遍对场地对外开放做出了较多限定，而供普通居民消费的大众体育设施也十分有限，即使是现有的体育场地其利用率也不足30%。

4. 体育市场发展水平较低

体育市场中各个部分运转的取决因素在于体育市场内外要素的成熟程度。我国体育市场从建立到发展历经 20 多年，具有起步晚、视野窄、水平低的不足。在大众的体育需求方面，由于剩余可支配资金不足，导致家庭的各种体育经费占比极低，体育需求尚未成为家庭需求的重要构成，由此决定了体育市场还没有成为买方市场。在体育供给方面，作为体育市场主体的体育经济实体和经营组织还没有完全与政府解体，难以对市场信号做出准确、灵敏的反应，另外体育中介组织的不健全以及体育管理法制的不完善等也是制约体育市场发展的因素。

（二）我国全民健身发展的走向

1. 全民健身普遍化

伴随着全体国民生存状态的日益改善和生活水平的不断提高，必将使得国民的工作状态和休闲状态逐步分离。5 天工作制、日益增多的节假日、带薪休假制等法律法规的出台和日益规范，不断改变着国民的工作观和休闲观。缩短的工作时间要求有高效的工作业绩和工作质量，国民的体质状况、健康状态和身体素质成为适应高强度的工作压力的基本要求和重要保障。"健身就是工作、健身就是健康、健身就是高的生活质量"的理念将越来越深入人心。在这种理念指导下，21 世纪的全民健身将比 20 世纪更大范围地走进我国国民的生活视野，走进更多的家庭、走进更多人群、走进更多人的主流生活。全民健身、休闲体育将会成为我国阻挡"现代文明病""办公室疾病""肌肉饥饿与运动不足病"的重要良方和强大武器。全民健身将成为一种追求时尚的标志，成为一种体育文化的重要内容，成为一种普遍的、惠及全民的社会现象。

2. 全民健身科学化

全民健身一方面在全面构建社会主义和谐社会的过程当中有着非常重要的积极促进作用，另一方面也在努力建设小康社会当中起着一定的积极促进和推动作用。国家体育总局和各级体育部门关于群众体育事业的未来发展都一致强调，全民健身工作不仅需围绕我国政府的中心任务，也应该围绕中国共产党的中心任务，坚决并且始终服务于国家社会经济全面发展的重要大局，始终坚持从我国的基本国情和实际情况出发，对思想进行持续性的有效解放，紧随时代潮流的步伐，从而在改革与创新的过程当中得到进一步的发展与完善。

在全面推动和促进群众体育发展的过程当中将各级人民政府重要的主导作用发挥出来，在经过全方位的深度调研考察与综合分析之后制定一系列相关的政策措施，对体育公共服务重要的基本职能进行广泛的宣传和进一步的强化，正确、科学、合理的指引和引导社会各界对群众体育事业的强力支持，将社会各界参与群众体育工作的积极性和主动性充分激发和调动起来，让更多的人能够参与群众体育工作，从而最终对我国群众性体育社会化发展道路进行不断的研究和探索。

深入研究和认真思考社会主义民主政治建设和建立服务型政府的要求，探索政府转变工作作风和提供公共体育服务的职能也将是一个重要趋势。

为了实现上述目标国家体育总局提出未来的全民健身工作要深入研究和认真思考我国全民健身发展的现实基础，摸清发展现状，总结成功经验，把握工作规律，破解发展难题，为长远发展提供依据。因此，开展全国各地的全民健身现状调查，获得科学真实有效的基础数据，为未来全民健身的进一步发展提供科学的基础性数据；开展全民健身状况、活动方式、喜爱项目、场地实施的研究，为全民健身提供科学的指导，解决突出问题；开展全民健身效果的研究、全民健身组织的研究等都将是未来全民健身发展的重要走向。全民健身事业的科技水平不断提高，将使人民群众体育锻炼日益科学化。

3. 全民健身社会化

众所周知，体育实际上是一种文化现象，随着我国经济、政治体制的改变，体育社会化程度逐渐增大。随着我国体育事业的不断发展，我国当前的全民健身管理体制，开始逐步向社会和政府结合型体制缓慢过渡。政府行政部门在全民健身管理中仍发挥着重要的作用，政府要转变职能，进行宏观调控，对社会中的力量进行更加充分的依靠和依赖，如群众体育组织、事业单位等，只有这样发展全民健身事业的道路才会变得更加清晰。从国外发达国家的经验看，硬件建设靠政府、投入多元化、组织管理靠社团，健身活动依托各类俱乐部等，在我国也将是大势所趋。

4. 全民健身法治化

《全民健身计划纲要》的实施在 2010 年终止。目前全国已经有近 20 个省市区的人大常委会通过了省、自治区、直辖市等地方性《全民健身条例》。国家《全民健身条例》也已经进入实质性的论证和立法阶段。与此同时，我国的《中华人民共和国体育法》也开始进入调研、讨论和论证阶段。从某种意义上来说，出台的一系列法律法规会推动和促进全民健身事业快速迈入更高层次的全新发展阶段。

第二章 全民健身的理论与方法

通过第一章的内容我们已经对全民健身的概况有了一定的了解，接下来本章将会对全民健身的理论和方法进行更详细的介绍，其中包括全民健身的科学理论、基本原则以及科学保障理论与方法这三个方面。

第一节 全民健身的科学理论

一、全民健身运动的生理学基础

（一）心率

1. 晨起基础心率监测

所谓的基础心率主要指的是人们在早上起床以前静卧时的心率。人们在身体十分健康且人体机能状况非常良好的情况下，基础心率不会出现比较大的波动，相对来说比较稳定，同时基础心率也会伴随着人们的健康状况及运动水平进一步提升，呈现出平稳下降的趋势。假如人们的身体出现不良的状况或者感染了某些疾病等，人的基础脉搏会在其影响下出现波动。伴随着人运动水平的提升，人的基础心率也会有所减慢。

因此，人们在体育锻炼的过程当中应该保持适当的运动量，只有运动量适宜基础心率才不会出现比较大的波动，呈现出平稳的状态，假如在一定的时间当中没有受到疾病、失眠等诸多因素的影响，基础心率的波动幅度呈现增大的趋势，表明人的体育锻炼运动量大，身体中积累了疲劳，需要在体育锻炼的过程当中对运动量进行及时有效调整，从而使人的健康得到确切保障。

2.运动中心率监测

人体的各个组织和器官在运动的时候，新陈代谢的速度会加强和加快，同时人体在运动过程当中对血流量的需要也有所增加，机体在体液与神经调节二者的作用下，进一步满足人体的各种需要。当人体的交感神经兴奋以后，协同体液调节对心脏的重要兴奋作用，使人体的心率和心肌收缩呈现加快、加强的趋势。借助定量负荷测试的方式和手段，能够对负荷前的心率与负荷后的心率变化进行一定的比较。在大多数情况下，人会随着体育锻炼水平的逐步提升，在完成相同的运动锻炼以后，当人的心率出现降低情况时，代表人的心肌力量得到了进一步的增强，同时也在一定程度上充分肯定了体育锻炼的效果。

3.运动后心率监测

对运动后心率进行监测，主要是看健身者的恢复情况。在完成同样的运动负荷时，健身者心率恢复加快，提示健身者身体机能状态良好，对运动负荷适应。在体育锻炼中运用心率监测能比较方便地掌握健身者的状态，调整运动量和运动项目。

（二）血压

1.晨起卧床血压监测

通常情况下，清晨还没有起床处于卧床状态时的血压比较稳定，并且当人们处于安静状态时的血压也相对比较稳定，对清晨卧床时的血压进行测定，从某种意义上来说对进一步判定全民健身人群运动性疲劳有着十分重要和关键的参考、借鉴价值。假如锻炼者在健身期间排除其他影响因素，血压比平时上升了五分之一左右，并且连续两天这样的情况，那么其就是机能下降或者过度疲劳的具体表现。

2.定量负荷前后血压监测

测定定量负荷前后血压的变化及恢复情况，可检查心血管系统机能，并通过心血管机能对运动的反应作出恰当的判断。进行体育锻炼时，可根据血压变化了解心血管机能对运动负荷的适应情况，由于收缩压主要反映心肌收缩力量和每搏输出量，舒张压主要反映动脉血管的弹性及外周小血管的阻力，因此运动后理想的反应应当是收缩压升高而舒张压适当下降或保持不变。

3.血压体位反射

它主要是对心血管系统相关的调节能力进行有效的测定，假如人们在经过比较大的运动负荷体育锻炼以后，身体的自主神经系统调节机能呈现下降的趋势，同时身体的血管运动的调节也出现一定的障碍，可以采用以下做法：受试者保持坐的姿势，保持静态休息 5 分钟的时间，并且对受试者保持安静时状态的血压进行测量；受试者仰卧位保持卧姿静态休息 3 分钟的时间，其他人帮助受试者恢复坐姿以后立即对血压进行测量，并且每间隔 30 秒的时间测量一次血压，一共测量 4 次，共两分钟的时间。

假如受试者在两分钟的测量时间当中，血压没有恢复到原来的自然正常状态，两分半的时间内血压恢复正常状态是调节机能欠佳的表现，血压无法完全恢复自然正常调节机能的则为不良，此时需要对运动负荷进行及时的调整，同时也应该注意有充足的休息时间。

（三）主观感觉判定

人体体育锻炼时的主观体力感觉与工作负荷、心功能、耗氧量、代谢产物堆积等多种因素密切相关，因此，运动时的自我体力感觉是判断运动量是否合理以及判断运动性疲劳的重要标志。瑞典生理学家鲍格研制了主观体力感觉等级表（RPE），从 6 级到 20 级共 15 个等级，主观运动感觉分为安静轻松到非常费力等8 个不同的等级，具体测试方法是锻炼者在运动过程中根据自我感觉的等级，来判断疲劳程度。在全民健身中，普通健身者达到稍微费力和费力的程度就可以达到提高心肺功能的效果，对自身有更高要求且有多年健身习惯的健身者在运动中可以达到很费力的程度。

体育运动锻炼能引起人体机能的深刻变化，运动效果的生理学评定着眼于长期效果，但长期效果是日常体育运动锻炼效应的积累所产生的质的飞跃，运动量的安排是否得当，是能否取得运动效果的前提，关于运动量怎样才算适宜，目前尚无衡量的标准模式。锻炼者的身体状况千差万别，个体间或个体在不同机能状态下对体育锻炼运动量的负担能力不尽相同。从全民健身角度考虑，可以采用简单易行的指标，不需要太多仪器和复杂的过程就可以起到一定的作用，既可以简单判断运动效果，又可以防止人体出现过度疲劳。但对于评定运动量是否适宜、运动性疲劳是否出现最好通过多途径、多指标和多学科同步测试，再做综合分析。

二、全民健身运动的心理学基础

（一）运动心理学

运动心理学是深入研究和探索人在从事各种体育运动的过程当中的规律，以及心理特点的心理学分支。运动心理学作为一门新兴的体育学科，和运动生理学、体育学等有着不可分割的紧密联系。

深入研究和积极探索人在参加各种不同类型体育活动时的实际心理过程是运动心理学最主要的任务。例如，思维、知觉等特点，以及这些特点在不同类型的体育运动当中所起的重要意义与作用；积极研究人们参与各种不同体育运动项目时在气质、性格等多个方面的特点，以及不同类型的体育运动对个性特征所产生的一系列影响；除了对运动竞赛当中相关人员在心理方面的特点进行全方位研究，也对体育运动教学实际的训练过程进行深入的研究和探索。

（二）健身运动增进心理健康的原理

1. 认知行为假设

参加各种不同类型的健身运动可以促进和推动人们积极地思考，使人们产生的消极想法得到进一步削弱的同时，也让人们焦虑与沮丧的不好状态得到有效的改善与改变。人们虽然将开始与坚持运动作为非常艰巨的任务之一，但是只要人们实现或者完成了设定的目标，就会使人们竞争意识得到进一步的加强，同时也使得人们对自我能力的认可和接受有较大幅度的提升。从实际意义上来说，坚持与努力这两个因素与对自我能力的认可和接受有着非常紧密的联系，坚持与努力帮助和促进更多参与健身运动的锻炼者进行持续性的有效健身锻炼，并且最终取得不错的效果和收获。

2. 注意力分散假设

积极参与健身运动能够最大限度地分散以及减少人们对沮丧或者焦虑事情的注意力，使参与健身运动的锻炼者无论是在身体方面，还是在精神方面均得到很大的受益。由此可知，参与体育健身运动，可以将人们从沮丧、焦虑或者抑郁的烦琐事情当中充分地摆脱和解放出来。

3. 荷尔蒙假设

（1）健身运动有助于获得良好的情绪体验。情绪状态的调控能力是衡量体育锻炼对心理健康影响的最主要指标。个体在复杂多变的社会环境中，常常会产生紧张、压抑、忧虑等不良情绪反应，健身运动可以使个体从烦恼和痛苦中摆脱出来，降低应激水平，使处理应激情境的能力增强。健身运动能够调节情绪，是因为参与者能体验到运动带来的愉快感觉。心理学家认为，适度负荷的健身运动能够促进人体释放一种多肽物——内啡肽，它能使人们获得愉快、兴奋的情绪体验。因此参加健身运动，尤其是参加那些自己喜爱和擅长的健身运动，可以使人从中得到乐趣，振奋精神，从而产生良好的情绪体验。

（2）健身运动有助于良好的意志品质的形成。意志品质是指一个人的自觉性、果断性、坚韧性和自制力，以及勇敢顽强和独立主动的精神，是一个人行为特点的稳定因素的总和。意志品质需要在克服困难的实践过程中培养。体育锻炼者只有不断克服客观困难（气候条件的变化、动作的难度或外部障碍等）和主观困难（如胆怯和畏惧心理、疲劳和运动损伤等），才能取得成功。健身运动的参与者要努力克服主客观方面的困难，培养自身良好的意志品质。任务越困难，对个体的意志锻炼的作用越大，而良好的意志品质对于人的活动效果具有重要的意义。

第二节　全民健身的基本原则

众所周知，生命在于运动，运动有益于健康，但运动也要遵循一定的规律，才能更有效地达到健身要求，而遵循的这个规律就是运动健身的基本原则。

自我终身体育锻炼的原则是：明确目的，主动进行锻炼，设立针对性的目标，持之以恒，循序渐进，适量运动，全面发展，从实际出发，巩固提高。这些原则是人类在自身建设、完善和优化自我生命系统整体功能过程中客观规律的反映；是人类在长期从事强身健体、提高活力和延年益寿的实践中成功经验的总结和概括，是现代人坚持自我终身体育锻炼必须遵守的原则。

一、主动性原则

在参与全民健身之前，要将目的确定下来，这对于健身的积极性和主动性的提高是有所助益的，同时，这对于长期坚持进行全民体育健身锻炼也是非常有帮助的。因此，提高人们参与全民体育健身锻炼的积极性是非常重要的，而要做到这一点，需要从以下 3 个方面着手。

（1）积极进行兴趣的培养，形成良好的习惯。人们之所以能够积极参与到全民体育健身锻炼中，兴趣是主导，而兴趣有直接和间接之分，要保证人们参与全民体育健身锻炼的主动性，就要通过启发引导和组织活动多种形式，将两种兴趣结合起来，互为渗透，从而使稳定的健身兴趣得以形成。另外需要强调的是，健身锻炼自觉性的养成，还要依靠锻炼习惯的养成。

（2）将健身目的明确下来，使参与全民体育健身的动机得到进一步的强化。

（3）在体育健身锻炼结束后，要进行科学的检查和评价工作，从而更好地将人们健身锻炼的积极性充分激发出来。

二、针对性原则

在全民体育健身过程中，要根据运动员的年龄、性别、身体健康状况以及地域、季节等方面的特点，确定健身锻炼的内容、方法、手段和运动强度，这就是所谓的针对性原则。总的来说，就是健身锻炼者要选择与自身实际情况相符的体育健身项目。人们的个体差异、健身方法和手段的多样性以及健身锻炼环境的不断变化，都要求人们在参与全民体育健身活动时，必须严格遵循针对性这一重要原则。

三、目的性原则

自我终身体育锻炼的目的，在于增进自身健康、提高自我活力；从遗传与变异观点看，对于改善与提高下一代乃至整个民族的身体素质也有重要意义。所以，坚持自我终身体育锻炼的人，要首先明确上述目的，变锻炼为出自内心的需要和自觉行动。正如毛泽东在《体育研究》中提出的"欲图体育之有效，非动其主观，促其对于体育之自觉不可"，只有解决好"动机与效果"的统一问题，才能自由、自发地去学习和掌握自我终身体育锻炼的知识、技能和技术；才能真正达到增进健康、提高活力、优化自身生命系统整体功能和自娱自乐的目的；才能正确确定锻炼的内容和要达到的标准要求；才能灵活地运用各种锻炼手段和方法。

四、渐进性原则

全民健身的运动应该保持一定的渐进性原则，具体而言是所有人在体育运动的过程当中均应该循序渐进，做到量力而行。锻炼者在进行体育运动时应该首选进行一些比较简单和小量的运动，在锻炼者适应了一段时间以后，再进行动作复杂和运动量比较大的体育锻炼。

五、经常性原则

所谓的经常性原则，实际上就是要求人们要经常进行体育健身锻炼，也就是要保证健身锻炼的长期性和不间断性。运动技术的形成和提高，人体各组织系统机能的改善，是肌肉活动反复多次强化的结果。如果不经常进行健身锻炼，那么前一次健身的痕迹在后一次锻炼进行时就已经消失不见了，如此一来，累积性的影响作用也就不存在了，这就会导致最终的健身效果微乎其微。同时，运动技能的形成，人体结构、机能的改善，身体素质的提高，都会受到生物界"用进废退"规律的制约。如果不经常进行健身锻炼，已经取得的效果也会逐渐消退。

总的来说，人体机能水平的发展和提高是一个逐步递进的过程，永久性的效果是需要通过长期的健身锻炼才能够取得和维持的。除此之外，还要注意养成经常锻炼的习惯，科学、合理地设定健身目标和训练计划，并且还要做到循序渐进，使健身效果逐步得到提高。

六、适量性原则

人们在参与体育健身活动时，在运动负荷方面要保证适宜，这也就是所谓的适量性原则。从某种意义上来说，健身锻炼的效果往往受到运动刺激强度的影响，一般来说，运动刺激过小，就难以引起机体的有效反应，健身效果就不会理想；如果刺激过大，则会对机体造成一定的损伤，因此，保持适宜的强度是非常重要的。

人们在进行体育健身锻炼时，一定要根据自身的情况来进行，将自我感觉和生理测定结合起来进行，如果锻炼后出现各种不适，就要立即停止健身锻炼，并对运动负荷进行适当调整。

人体能量的消耗和恢复的超量补偿在很大程度上决定着适宜的强度，一般来说，能量消耗过多，就会产生疲劳。适当的疲劳在经过一定的休息和恢复后，疲劳症状可逐渐消失，人体机能水平得到提高，明显的健身效果就会产生了。而如果出现过度疲劳，就会造成身体机能水平的下降和一定的运动损伤。

因此，这就要求人们在从事体育健身运动时，要时刻贯穿运动负荷适量性原则，要做到量力而行，对健身的时间、频率、强度等要素进行准确的把握；要对运动员的实际情况进行充分考量。

七、全面性原则

人们在进行体育健身锻炼时，一定要保证身体各个部位都得到良好的发展和机能强化，从而保证身体的和谐发展，这就是所谓的全面性原则。

全面性健身锻炼，就是要求人们所参与的体育健身活动要包括不同身体部位的活动，以及多种项目和不同性质的活动。究其原因，主要是由于人体的各个系统是相互联系在一起的，身体某一方面的发展必然会影响到其他方面的发展，而全面发展，就能相互促进，共同提高。因此，在体育健身活动中贯彻全面性原则是非常重要且必要的。

八、实际性原则

自我终身体育锻炼要求从自身实际需要出发，按照自身的意愿，自由、自主、自控、自娱和自乐。人的身体状况千差万别，不同的人或同一个人在不同的机能状况下对运动的爱好、对运动量的负荷能力也不尽相同。因此，在坚持自我终身体育锻炼时，锻炼的任务、内容、手段、方法和运动负荷等都应该符合自身特点和具体情况。具体来说，要根据自身的年龄、性别、健康状况、生理机能、接受能力、心理因素、疾病状况和掌握运动知识及技术水平的差异量力而行。经过一定努力后，让身体生命系统的整体功能得到强化。

在进行体育运动锻炼时最好结合自己的爱好和特点，这样可使运动锻炼变被动为主动，提高健身效果。另外，可以根据气候变化进行相应的体育运动，如夏天游泳、冬天滑冰等。

第三节 全民健身的科学保障理论与方法

一、全民健身运动的营养消耗与补充

（一）运动健身中的疲劳及营养补充

1. 运动健身中的疲劳

运动健身中的疲劳是人们在运动健身以后，无论是工作能力还是身体机能，均短暂出现下降的状态和情况。运动性疲劳会在一定程度上导致人在身体方面出现代谢不平衡的情况，同时也会出现很多的医学问题，如人体的免疫力呈现下降的趋势，最终导致人们出现疲劳的现象；人体在中枢神经系统、神经内分泌系统方面以及造血系统功能方面出现异常，使人们出现疲劳的现象等。

运动健身当中的疲劳主要指的是人的机体生理无法在较短的时间中，充分维持或者持续身体原来状态，身体机能出现下降的情况。运动健身中的疲劳主要包括两种情况：一是外周疲劳，其中下降的运动机能和人体肌肉出现疲劳是外周疲劳的主要表现；二是中枢疲劳，简单来说是人体的运动神经中枢出现紊乱的情况。

2. 运动健身的营养补充

它主要由两个部分构成，一是无机矿物质营养；二是有机营养。其中，无机矿物质营养有钙、铁等微量矿物质元素，可以快速促进人体产生生化反应的同时，对身体各个器官细胞的工作进行有效的协调和调节，让器官细胞可以保持正常的有效运转。

（二）运动健身中的疲劳表现

1. 主观感受

运动健身中产生的疲劳主观感受为运动者出现了肌肉酸痛，四肢无力，很想停止运动，不想做其他任何事情。还有一部分人可能会出现短暂的心慌、气短以及口渴、虚脱等情况。这时候就需要采取必要的措施以防止情况恶化，如果在运动健身之前就做好了充足的准备，那么就不会出现不知所措的情况。

2. 客观检查

客观检查分为两种不相同的情况，一是简单客观检查；二是复杂客观检查，其中前者是对表面进行简单的查看，看肌肤有没有出现淤青或者擦伤的情况；后者则需要借助一些方法与技术，在检查之后对疲劳情况进行相应的分类，最终借助医务的方法和手段对其进行及时的治疗。

客观检查可以检查不同的部位，如细胞组织、身体器官等，特别是随着时代的发展和我国科学研究水平的大幅度提升，能够更加深入地研究和探索人体疲劳时的机体细胞，并且随着研究和探索的不断深入，从某种意义上来说是对于热爱和喜欢运动的人的福音。

（三）运动健身中的营养补充策略

1. 补水

运动健身会产生疲劳，在运动的时候会丢失一些能量物质，还会丢失一定的水盐。假如人们在运动健身的过程当中丢失的体液占体重的 2%～3%，也会在一定程度上限制和束缚人体运动的相关能力。所以，及时为人体补充水分是防止和减少身体脱水，以及使身体机能的水盐保持平衡，不可以忽视的重要和关键问题。除此之外，人体在补充水分的同时也应该补充一定的糖分，身体运动最直接和重要的能源、动力来源是糖，原因在于无论是肌糖原还是血糖均是糖在机体当中存在的主要形态，同时也由于肌糖原和血糖在人体当中的储藏量是非常有限的，假如糖的含量低于人身体实际需要的临界值，人体会非常容易出现疲劳的情况，甚至严重的人体还会出现脱水的情况。

2. 补糖

在运动健身中合理补糖能够让肌肉对糖加以摄取和利用，减少对糖原等物质的分解，加大对肌糖原和引糖原的利用，不容易出现疲劳的情况。很多研究表明，糖是长时间运动和需要耐力的运动等相关项目所必需的物质，此外，短时间锻炼强度大的运动也需要额外糖分的补充。在运动中补充水分、盐、糖需要同时进行，这样才能补充身体由于运动而损失的水盐，让水盐保持平衡，让身体的心血管功能保持在正常的水平范围内。运动健身者在运动过后需要补充足量的糖，这样能够维持血糖平衡，让糖氧化功能保持在充足的范围内。而且在健身过后进行糖分的补充能够迅速恢复身体的各项机能，起到良好的作用。

3. 补充蛋白质

部分健身者在运动健身以后，更愿意和喜欢通过补充蛋白质的方式，对身体的能量进行很好的维持，让健身者的身体能力可以快速恢复到原来自然的状态当中。从我国当前居民城镇的实际生活水平来看，其摄入的蛋白质含量虽然已经达到或者超过了标准，但需要注意的是应该将吃素或者需要减轻体重的人排除在外，尤其是对于吃素的人来说，更需要摄入额外的蛋白质，只有这样才可以使身体需要的营养物质得到充分的补充。当运动量过大流很多汗的时候，男性健身者在此时应该及时补充蛋白质，从而均衡身体的营养。

4. 补充矿物质和维生素

矿物质在大多数情况情也会被人们称为无机盐，在体重当中占据的比例是4%～5%，钙、钾等 7 种是人体摄入比较多的矿物质，并且这 7 种矿物质每一日的摄入量应该达到 100 毫克以上，另外还有碘、锌等微量元素。运动健身者通过补充糖和水，可以使自身运动能力得到一个较大幅度的有效提升，从而最终达到或者实现预期的效果。运动健身者通过对水盐的及时补充，可以在一定的水平当中使运动健身者的运动能力，以及身体的抗疲劳能力得到相应的提升和缓解。运动健身者通过及时补充维生素、矿物质等方式，可以使身体新陈代谢的重要调节作用充分地发挥出来，最终让身体一直保持在一个良好的状态当中。

二、全民健身运动的伤病与恢复

（一）运动损伤的防治

1. 遵守系统性和循序渐进原则

在健身运动过程中不仅要遵循体育锻炼系统当中的循序渐进的一般原则，也应该充分遵循其中的系统性一般原则。针对各种不相同项目、年龄及性别的运动员，应该做到因人而异，区别对待，不同的状态和情况采取不同的策略。假如在训练或者练习的时候没有区别对待，均采取相同的运动量和运动强度，无论素质好的运动员还是素质较差的运动员均学习相同难度的动作，这样运动素质比较差的运动员会非常容易受伤。因此，在组织和开展训练课程的时候应该避免"单打一"的训练方法。

2. 加强健身运动中的自我保护

在运动健身的过程当中为了尽可能地避免和减少可能会出现的损伤，应该对各种不同自我保护的方法和手段有充分的了解和认知，并且做到对其熟练地灵活运用。例如，人从比较高的位置落下或者摔下来的时候应该并拢双腿，从而避免和减少踝关节出现损伤；学会翻滚动作，可以有效减少、缓解身体与地面产生的强烈撞击等。

3. 运动前、中、后进行拉伸

拉伸练习是有目的地将肌肉及软组织，无论是在运动前，还是在运动中和运动后进行有效的拉伸，从而放松被拉伸的软组织和肌肉。在运动前、运动中和运动后进行肌肉和软组织的拉伸对肌肉机能的恢复是非常有利的，可以最大限度地防止和减少人体肌肉的拉伤，使人体肌肉保持充足的弹性，同时也尽可能地避免了运动技术的变形与僵硬。其中，运动前的拉伸可以减轻软组织与肌肉内部的黏性，使软组织和肌肉的弹性得到增强的同时，也让人体肌肉的温度有所提升，从而最大限度地预防和减少运动过程当中的肌肉拉伤；运动后拉伸肌肉和软组织的主要目的是让疲劳和僵硬的肌肉得到一定的放松，加速排除人体肌肉内部代谢的产物，使肌肉的酸痛得到及时的缓解，从而让人体机能得到更快速的恢复。

4. 训练易伤和相对较弱部位

进一步加强对容易受伤部位的训练，以及相对比较弱部位的训练，这样能够让这些部位的功能得到相应的提高，同时也是预防和减少运动损伤的积极方法和手段之一，如为了预防和减少腰部的损伤，应该不断加强腰腹肌方面的训练和练习，使人体的腰腹肌力量得到一个较大幅度的提升，并且努力增强腰腹肌的协调性与平衡性。

5. 注重身体中枢稳定性练习

中枢稳定性包括骨盆和躯干的力量的稳定性。中枢力量和稳定性对于完成各种复杂运动动作至关重要。然而，传统的中枢训练多在固定平面上进行，如常练习的仰卧起坐等，功能性不强。中枢的力量练习应同时包括腹部的屈和旋转两种运动形式。

6. 重视对身体小肌群的训练

人体的肌肉分为大小肌群，小肌群一般起固定关节的作用。一般的力量练习往往注重大肌群而忽视小肌群的练习，造成肌肉力量的不均衡，增加了运动时受伤的概率。小肌群的练习多采用小重量的小哑铃或橡胶拉力，大重量的上肢练习往往有害无益。另外，小肌群练习时应结合多种方向的运动，并且要求动作精确无误。

7. 创造安全的健身运动环境

体育器具、设备、场地等在锻炼前都应进行严格的安全检查，例如，参加网球锻炼时球拍的重量、握柄的粗细、网拍绳子的弹力应该适合锻炼者个人的情况；在锻炼时女性的项链、耳环等锐利物品暂时不要佩戴；锻炼者应根据运动的项目、脚的大小、足弓的高低选择一双弹性好的鞋子。

（二）运动损伤的康复

1. 康复训练的目的

第一，在康复训练的过程当中始终保持良好的身体状态。康复训练一方面能够有效预防和减少肌肉的萎缩与挛缩，另一方面既很好地维持了身体的心肺功能，又使身体运动能力得到了充分的保持。

第二，受伤后身体适当的康复性锻炼，能够让关节的稳定性得到有效的加强，使受伤部位组织的营养和代谢得到更好的改善与调节，并且让受伤的部位加速愈合，促进和推动形态、结构及功能的快速统一。

第三，人们在受伤以后通过康复训练的方式，能够让机体能量代谢趋于平衡，防止和预防体重的快速增加，大幅度缩短和减少受伤愈合恢复锻炼需要的时间。

2. 康复训练的原则

第一，正确的诊断。制定的康复计划想要科学与合理，应该建立在全面、正确诊断的重要基础上，不完整或者错误的诊断会使损伤的康复进程受到一定的阻碍和延迟。

第二，个别对待。应该充分依据各种不同病情、机能状态以及年龄，选择合适的预备姿势、运动手段、运动量等。

第三，康复训练的重要前提是不影响和加重损伤部位的愈合。在康复训练的过程当中应该尽可能地停止或者减少全身活动与局部活动。需要注意的是，受伤部位的肌肉锻炼的时间越早，该部位的愈合就越快、越好。

三、全民健身的科学医务监督

（一）体育活动中的医务监督

第一，在体育活动当中，无论是安排动作的难易程度，还是安排运动负荷的大与小以及身体活动部位，均应该与全面性、渐进性原则相符合，在组织和开展体育活动的过程当中对锻炼者的反应进行随时有效的观察。假如发现大多数的锻炼者出现了面色苍白、动作不协调等表现，并且也出现了恶心、头痛等症状，从某种程度说明体育活动的运动负荷过大，需要对体育活动进行及时的调整与完善。

第二，锻炼者在室外体育活动的过程当中应该关注天气对身体产生的一系列影响。寒冷的季节中老年人在室外进行体育活动时，存在可能诱发心绞痛、脑血栓等心血管意外，所以中老年人应该把室外体育锻炼的时间安排在气温回升以后。炎热的夏天组织和开展室外体育活动时，应该尽可能避开最热的时段，同时当空气湿度太大时也应该减少室外体育锻炼的强度与时间。另外，在室外体育锻炼的过程当中锻炼者只要感觉到不适应该立即停止锻炼。

第三，全方位检查锻炼服装、器材和场地的安全。每次组织锻炼前应该检查运动场地是否适合锻炼，如对各种器材进行检查，及时排除潜在危险。提醒锻炼者锻炼时要穿防滑、舒适的鞋，鞋底要有一定的厚度和弹性，服装一般要宽松合适，不能过于肥大或紧身，最好是透气性好的棉织品，不要佩戴胸花，不要别别针，小刀等尖锐的物品不应放入衣服口袋里，以免在锻炼中发生意外。另外，要经常对锻炼者进行体育卫生宣传教育，并制定相应的规章制度，保证对体育卫生的贯彻执行。

（二）比赛期间的医务监督

第一，对比赛程度的具体编排工作与组织进行有效的辅助和帮助，最大限度地避免和减少锻炼者多次或者连续参与比赛，防止和预防出现不对年龄、性别进行考虑的编组现象。与此同时，协助做好锻炼者在参加比赛期间的饮食管理，以便于锻炼者的营养补充得到确切的保证。

第二，不仅要做好设备的卫生检查工作，还应该做好场地的卫生检查工作，同时在锻炼者参加比赛的期间组织好医务监督与场地的相关急救工作。

第三，积极开展和组织各种不相同类型的体育卫生宣传活动，如讲究个人方面的卫生、严格遵循生活制度等。

（三）消除疲劳的途径和方法

1. 消除疲劳的途径

第一，对各种不同方式方法和手段进行有效利用，让身体肌肉得到充分的放松。通过各种不同的方式积极改善身体的血液循环，使身体需要的各种营养物质得到充分的补充，加速排除身体内产生的诸多代谢物。

第二，对身体的神经系统进行有效调节，让身体处于一种比较放松的自然状态。

第三，身体通过摄入食物的方式补充身体需要的各种物质以及体能，或者通过中药恢复和调节人体的机能。

2. 消除疲劳的方法

第一，整理活动。它实际上是一种方法，可以帮助锻炼者在运动以后，快速地恢复身体原有的机能。消除疲劳方法的根本是锻炼者在体育活动以后做一些整理活动，一是能够对人体的呼吸系统进行调节，更快速地吸收氧气。二是整理运动对进一步改善身体循环系统也是十分有利的，在经过一系列比较激烈的体育运动之后，让身体可以更加快速地恢复到原来的自然身体机能状态，最大限度地减轻肌肉的酸痛感和僵硬感。整理活动能够通过不同的方式来进行，如呼吸体操、慢跑等。

第二，睡眠。人在深度睡眠的时候，大脑皮质的兴奋性与保持清醒时的状态相比会有所降低，身体内分解代谢保持在最低的水平，同时合成代谢水平会比较高，这对于体能能量的快速积累是十分有利的。因此，成年人和青少年分别每天应该有8～10小时的充足睡眠时间。

第三章 全民健身背景下不同健身目标的运动

全民健身背景下，不同的群体有着不同健身目标，主要可以分为热身运动、有氧运动和塑形运动这三大类。本章将对这三类运动展开详细的介绍。

第一节 全民健身背景下的热身运动

一、热身运动的定义

所谓的热身运动主要指的是一些全身活动的组合。在开展体育活动以前，通过比较轻松的体育活动量的方式，使身体的肢体得到先行的活动，以便为之后比较强烈的身体活动做好非常充足的准备。热身运动的主要目的是使激烈运动的安全性与效率得到一个较大幅度的提升，并且进一步满足人体在心理与生理上各种不同的实际需要。无论是人体工作效率，还是人体的功能能力，在身体进行体育活动锻炼以前是不可能一开始就达到最高水平的，所以锻炼者需要通过热身运动对自身的运动状态进行有效调整。

二、热身运动的分类及作用

（一）热身运动的分类

1. 一般性热身

所谓的一般性热身运动主要指的是比较轻松的身体活动，通常情况下包括运动持续的具体时间和运动的适宜强度，充分按照锻炼者身体的健康水平，以及当日的实际身体状况进行最终的明确和确定，一般人群的时间是 10～15 分钟，身体呈现出稍微出汗的状态。一般性热身的最终目的是促进锻炼者心率的提高，对呼吸系统的频率产生一定的刺激，使血流量得到增加的同时，也为肌肉运送更多的营养物质和养料，让人体肌肉的温度得到有效的提升。

2. 专门性热身

专门性热身运动是指根据运动员即将进行的健身项目，有针对性地对身体各部位或专门部位进行预热，以减少进入最佳锻炼状态的时间和预防运动损伤。主要热身内容包括全身几大肌肉群及几大关节两个方面。

热身的时间还受季节、温度因素所影响。一般来说，冬季温度较低，健身人员身体温度偏低，运动预热时间偏长，热身时间也应较长；夏季温度较高，健身人员身体温度偏高，运动预热时间偏短，热身时间也可相对减少。

（二）热身运动的作用

（1）提高肌肉温度和体温，保证运动安全性。

（2）血流量增加，氧气的扩散加快，肌肉供氧增加。

（3）物质代谢和能量释放过程加强，加速燃脂。

（4）提高神经系统的兴奋性，提升运动效果。

（5）调节心理状态，快速投入运动。

三、热身运动的基本项目

（一）跨栏步压腿

1. 目标肌肉

跨栏步压腿锻炼的是大腿后侧股后肌群。

2. 身体位置

运动员坐在垫子上，一侧腿膝关节伸直朝前，另一侧腿内侧贴地，小腿向后弯曲呈跨栏坐姿势，双手自然下垂置于身体两侧。

3. 动作路径

运动员呼气时躯干向前伸展，胸口向伸直腿膝盖慢慢靠近，弯曲腿一侧的手指触碰伸直腿的脚尖，维持5～10秒后缓慢抬起上半身，感受股后肌群的拉伸。吸气回到起始姿势。

4. 运动强度

这一项目的运动强度是每侧 5～8 次为一组，共做两组。

5. 注意事项

运动员伸直腿膝盖不能弯曲，量力而为。

（二）弓步压腿

1. 目标肌肉

强压腿锻炼的是大腿前侧股四头肌。

2. 身体位置

运动员单腿全脚掌着地，脚尖朝前，大小腿呈 90°。另一侧腿向后伸展，膝盖绷直，脚尖着地，呈弓步姿势。头正肩平，腰部直立，双手可交叉放于前侧腿膝盖上。

3. 动作路径

运动员身体上下适量弹动，感受后侧腿股四头肌的拉伸。

4. 运动强度

这一项目的运动强度是每侧 5～8 次为一组，共做两组。

5. 注意事项

运动员前侧腿膝盖不能超过脚尖，上身保持挺直姿势，平视前方。

（三）仆步压腿

1. 目标肌肉

仆步压腿锻炼的是大腿内侧肌群。

2. 身体位置

运动员两脚左右开立，左腿屈膝全蹲，全脚着地；右腿挺膝伸直，脚尖内扣，尽量远伸。

3. 动作路径

运动员两手交叉置于弯曲腿膝盖上，或分别抓住左右脚，做向下压振和左右移换身体重心的动作。将身体重心从左脚移至右脚，呈另一侧的仆步。

4. 运动强度

这一项目的运动员强度是每侧 5～8 次为一组，共做两组。

5. 注意事项

运动员要挺胸塌腰，下振时逐渐用力，左右移动时要低稳缓慢。挺胸下压，使臀部和大腿内侧尽量贴近地面移动。

（四）下蹲

1. 目标肌肉

下蹲锻炼的是大腿肌肉群。

2. 身体位置

下蹲时，平视前方，双腿自然分开与肩同宽（或稍宽），脚尖朝前；双手与肩同宽前平举，掌心向下。挺胸收腹，背部挺直。

3. 动作路径

下蹲时要注意呼气时下蹲至大腿与地面平行，臀部后坐；吸气时回到起始姿势。

4. 运动强度

下蹲的运动强度是每侧 8～10 次为一组，共做两组。

5. 注意事项

下蹲时膝盖不能超过脚尖。

（五）站姿夹背

1. 目标肌肉

站姿夹背锻炼的是背部肌肉群。

2. 身体位置

站姿呈自然站立姿势，双脚微分开，双手于身后交叉相握，肩平。

3. 动作路径

呼气时背部肌群发力挤压背部肌肉，吸气时回到起始姿势。

4. 运动强度

站姿夹背的强度是静力性挤压每侧 8～10 次为一组，共两组。动力性挤压每侧 8～10 次为一组，共两组。

5. 注意事项

锻炼时要注意发力的肌群为背部肌肉，切忌两手臂发力。

（六）俯卧撑

1. 目标肌肉

俯卧撑锻炼的是手臂推力肌群、胸部肌群。

2. 身体位置

做俯卧撑时头、躯干、臀、腿在同一平面上，双腿稍分开。双手和肩膀处于同一条直线上，两手臂稍微弯曲。女性或初学者可选择跪撑。

3. 动作路径

吸气时曲臂降低身体，直至胸部接近地面，呼气回到起始姿势。

4. 运动强度

俯卧撑的运动强度是 8～10 个为一组，共 3 组。

5. 注意事项

运动时要注意发力的主要肌群为胸部肌肉，切忌完全由两手臂发力。

第二节　全民健身背景下的有氧运动

一、有氧运动的概念

简单来说，有氧运动是指任何富有韵律性的运动，其运动时间较长（约 15 分钟或以上，每周坚持 3～5 次），运动强度在中等或中上等的程度（最大心率值为 60%～80%），因为此时血液可以供给心肌足够的氧气。有氧运动还是一种恒常运动，是持续 5 分钟以上还有余力的运动。

二、有氧运动的特点

有氧运动的特点是：强度低、有节奏、持续时间较长。这种锻炼，氧气能充分燃烧（即氧化）体内的糖分，还可消耗体内脂肪，增强和改善心肺功能，预防骨质疏松，调节心理和精神状态，是健身的主要运动方式。所以说，如果体重超标，要想通过运动来达到减肥的目的，建议选择合适的有氧运动。

三、有氧运动的基本项目

（一）游泳

1. 水中运动

人们在进行水中运动时可以侧对池壁，手扶池边，向前、向后迈步行走，或面向池壁，手扶池边，向左、向右迈步行走；也可以扶壁或5~6人手拉手向前、后、左、右走动；还可以与同伴手拉手成圆圈做游戏性地走、跑或互相推水、戏水。

2. 呼吸练习

人们在进行水中运动时，手扶池槽或手握同伴的手，深呼吸后闭气。然后慢慢下蹲把头部全部浸入水中，停留片刻，在水中用鼻、嘴慢慢吐气，直到吐完。然后起立，在水面上吸气后再重复做几次。水中的呼吸要按照"快吸—稍闭—慢呼—猛吐"这一特殊的节律进行。

水中运动的嘴、鼻同时练习要求吸气后头浸入水中，稍闭气后即在水中用嘴和鼻同时呼气，然后抬头，再将嘴露出水面，用力把气呼完。随即用嘴迅速吸气，吸气后头部又立即浸入水中。如此反复练习，做到吸气—闭气—呼气有节奏地进行。

3. 浮体与站立练习

（1）抱膝浮体站立练习。人们在进行抱膝浮体站立练习时，原地站立深吸气后，下蹲低头抱膝，双膝尽量靠近胸部，前脚掌蹬离池底，呈抱膝团身低头姿势，自然漂浮于水中。站立时，两臂前伸，向下压水并抬头，同时两腿伸直，以脚触池底站立，两臂自然放于体侧。

（2）展体浮体练习。人们在进行展体浮体练习时，吸足气，身体前倾入水，闭气，抱膝，团身低头。等背部浮出水面后，伸直背和腿，呈俯卧姿势漂浮水中。站立时，收腹、收腿，两臂向下压水，然后抬头，两腿伸直，两脚触池底站立。

4. 滑行练习

人们在进行滑行练习时，背向池壁，两臂前伸，一脚贴池壁，一脚站立。吸足一口气，身体前倾入水，收站立脚呈双腿屈膝，接着用力蹬离池壁，身体呈流线型向前滑行。

（二）跳绳

初学者最好挑选较重的绳子，跳绳时选择鞋底较软、鞋帮较高的运动鞋。切忌在凹凸不平或硬地面跳绳，两脚同时着地或交替着地。

1. 目标肌肉

跳绳锻炼的是全身肌群。

2. 运动强度

跳绳的运动强度是每分钟 80 次左右，持续 30 分钟。

3. 注意事项

饭前一小时和饭后一小时进行跳绳运动最佳。

第三节　全民健身背景下的塑形运动

爱美之心，人皆有之。很多人参与健身是为了追求完美的身材。本书所说的运动塑形是指在健身房内，运动员根据自身身体情况，制订相应的训练计划，以抗阻训练为主要途径，改善体形，使之更趋于标准或健美身材，获得视觉上的外在美。

通常意义上讲的运动塑形是指以运动为基本手段，使个体的外形符合人体标准，人体的形体标准可通过身高、体重、三围等人体数据科学计算得出。

一、抗阻训练

抗阻训练是指肌肉在克服外来阻力时进行的主动运动。阻力可由他人、自身的重量或器械（如哑铃、沙袋、弹簧、橡皮筋等）产生。

有效的抗阻训练计划的设计是运动员必须重视且有极高价值的；在设计抗阻训练计划的过程中要求充分考虑计划针对运动训练的有效性；抗阻训练计划包含许多因素（练习方式、组数与重复次数、间歇时间、动作速度等），在设计过程中必须仔细考虑所有的变量；在训练中没有完美无缺的训练计划。

人体的肌肉由肌纤维和肌腱构成。通过抗阻训练，给肌肉外加阻力，做运动时肌纤维由于负重收缩或伸展，出现部分可自动修复的损伤现象。停止训练休息时，以蛋白质为主的营养物质对轻微破损的肌纤维进行修复补充，使其横切面积增大，增大整个肌纤维体积，因此肌肉生理横断面也增大，达到塑造肌肉形态的效果。长期抗阻训练也能使肌纤维内的肌原纤维增多，肌肉中毛细血管数量增多、结缔组织增厚，使肌肉更加坚实、有型。

二、抗阻训练的方法

抗阻训练应当循序渐进、因人而异、全面锻炼主要肌群、保证足够强度和量，以实现增长肌肉力量、耐力和维持去脂体重，提高整个机体功能的目的。在负重训练的开始阶段只需要对身体的各个部位进行一次训练。运动顺序应该以大肌肉群（如胸肌和背肌）运动在前，小肌肉群（如肱二头肌和肱三头肌）运动在后；多关节的运动在前，单个关节的运动在后；运动强度大的动作在前，强度小的动作在后。根据训练目标确定使用重量、重复次数、组间休息时间，如表 3-3-1 所示。

表 3-3-1 抗阻力训练参照表

训练目标	使用重量（1% 强度或重量）	目标次数	组间休息时间
肌力	≥80%	≤6	3～5min
肌肥大	67%～85%	6～12	3～90s
肌耐力	≤67%	≥12	≤30s
爆发力	<30%	≤3	60～90s

（一）超级组训练法

超级组训练法是指要求一对互为拮抗肌的肌肉连续进行训练的训练方法。具体就是一块肌肉训练至疲劳时紧接着让与其对抗的肌肉训练直至疲劳。例如，训练肱二头肌后紧接着训练肱三头肌，两块肌肉训练完后休息 60～90 秒；或者是训练股四头肌后紧接着训练股后肌（腘绳肌）。超级组训练法通常用于单关节的运动中，每组练习的间歇为 60～90 秒。

（二）金字塔训练法

金字塔训练法是指一个动作做若干组时，重量逐组加重，次数逐组减少，直到重量加到预定的最高点，次数降到预定的最低点，像金字塔那样。此法对增大肌肉的体积和力量有较大作用。也可在到达顶点后逐组减轻重量、增加次数，直到预定的最轻重量和最多次数。在后一种方式中要强调运动前的准备活动。

（三）分化训练法

分化训练法是指在不同的训练日进行不同身体部位训练的训练方法。例如，胸部、背部、下肢的训练分别安排在周一、周二和周三进行；肩部、上肢、核心的训练安排在周四、周五和周六进行。分化训练要求每周进行 6 天，且每个部位的训练强度要比整体训练计划（每周 3～4 次）的强度高一些。

三、运动塑形的具体方法

运动塑形追求的目标是身体肌肉更具线条感，而这一目标与肌肉的围度息息相关，增加肌肉围度、肌肉量最主要且最基本的方法便是抗阻训练。

（一）胸部主要肌肉训练方法

1. 杠铃卧推

（1）目标肌肉：杠铃卧推锻炼的是胸大肌。

（2）身体位置：杠铃卧推要求身体平躺在卧推凳上，双脚自然地放在地上。调整身体的位置，使眼睛位于卧推架上杠铃的正下方，肩胛骨向后夹紧，下沉。握距比肩稍宽，从卧推架上取下杠铃。

（3）动作路径：吸气时慢速下放杠铃，直至大臂与地面平行为止。呼气时推起杠铃回到起始姿势。

（4）运动强度：运动强度为 8～12 次 / 组，做 4～6 组。

（5）注意事项：锻炼时要量力而行；切忌杠铃过重，易发生运动损伤。

2. 哑铃卧推

（1）目标肌肉：哑铃卧推锻炼的是胸大肌。

（2）身体位置：哑铃卧推要求身体仰卧平躺于平板卧推凳上，头部、上背和臀部接触凳面并获得牢稳的支撑，双腿自然分开，双脚平放在地板上。沉肩，并且收紧肩胛骨。两肘弯曲，握住哑铃，拳眼相对，哑铃的轴线位于乳头上方 1 厘米处（胸肌中部），位于胸部两侧。

（3）动作路径：呼气时向上推起，哑铃向正上方偏向身体中线推起。肩胛骨始终收紧，手臂推直内收。吸气时使两臂向两侧张开，两臂慢慢弯曲，哑铃垂直落下，下降至大臂和身体同一水平时，即做上推动作。

（4）运动强度：运动强度是 8—12 次 / 组，做 4 组。

（5）注意事项：在整个推举过程中始终保持胸部紧张；下放哑铃时要注意控制速度，以缓慢而稳定为佳。

3. 哑铃仰卧飞鸟

（1）目标肌肉：哑铃仰卧飞鸟锻炼的是胸大肌外缘、中缝。

（2）身体位置：锻炼时要求仰卧平躺于平板卧推凳上，双手持铃，掌心相对。上背部紧贴凳子，脊椎保持正常生理弯曲，核心收紧。

（3）动作路径：运动员下放哑铃时注意力集中在胸外缘处，靠胸肌的张力控制住哑铃缓慢下放，同时充分吸气、挺胸，胸外缘有轻微拉伸感时停止。上举时要靠胸肌的收缩带动双臂向上环抱，直至哑铃相触，这样可避免肩背过分参与用力。

（4）运动强度：运动强度是 12～15 次 / 组，做 4 组。

（5）注意事项：在整个推举过程中始终保持胸部紧张；下放哑铃时要注意控制速度，以缓慢而稳定为佳。

4. 窄距俯卧撑

（1）目标肌肉：窄距俯卧撑锻炼的是胸大肌内侧。

（2）身体位置：运动者在进行窄距俯卧撑时，两手撑地比肩略窄，手臂稍微弯曲。两腿稍分开，前脚掌着地，身体应保持在一条水平线上，紧腰收腹，避免提臀屈膝。

（3）动作路径：吸气时，曲臂，降低身体，将胸脯贴近地面；呼气时回到起始姿势。

（4）运动强度：运动强度是 8～12 次 / 组，做 4 组。

（5）注意事项：运动时要循序渐进、由易到难；合理控制运动负荷。

（二）肩部主要肌肉训练方法

1. 站姿前平举

（1）目标肌肉：站姿前平举锻炼的是三角肌前束。

（2）身体位置：自然站立，或紧靠 45° 斜凳站立，两手正握杠铃（或哑铃）

垂于腿前，握距与肩同宽，掌心向下，肘关节微屈，固定。

（3）动作路径：呼气时把杠铃（或哑铃）向前上方举起，肘部稍屈，直至高于视线平行高度。吸气时回到起始姿势，哑铃不与身体接触。

（4）运动强度：运动强度是8～12次/组，共4组。

（5）注意事项：上举和下落时全身保持直立，两臂保持自然伸直；身体不要大幅度晃动，避免运动损伤。

2.斯科特举

（1）目标肌肉：斯科特举锻炼的是三角肌前束、中束。

（2）身体位置：斯科特举要求双手握哑铃于体前，掌心面向自己，手臂自然伸直。

（3）动作路径：呼气时肘部向两侧抬起，小臂自然下垂，当肘部平行于或略高于肩部时停顿2s。吸气时回到起始姿势。

（4）运动强度：运动强度是8～12次/组，共4组。

（5）注意事项：注意哑铃不要与身体接触。肩峰点时继续发力，肩部肌肉向上做功。

3.俯身侧平举

（1）目标肌肉：俯身侧平举锻炼的是三角肌后束。

（2）身体位置：手握哑铃，双腿自然分开。膝盖和臀部向前倾斜，保持背部挺直，使哑铃低于胸部，手臂稍弯曲。可采取俯卧、坐姿、拉力器等多种形式进行这一动作练习。

（3）动作路径：呼气时用力抬起哑铃，并向外伸展平举至身体两侧，直至肘部略高于肩膀，保持上臂与身体垂直。吸气时回到起始姿势，整个运动过程，肘部始终保持固定。

（4）运动强度：运动强度是8—12次/组，共4组。

（5）注意事项：做俯身侧平举时，切忌身体摇晃、摆动。

（三）背部主要肌肉训练方法

背部主要肌肉训练方法是宽握引体向上。

1.目标肌肉

宽握引体向上锻炼的是背部肌群，增加宽度。

2. 身体位置

宽握引体向上要求双手抓住把柄或单杠，使腰背以下部位放松，背阔肌充分伸长，两小腿弯曲抬起交叉。

3. 动作路径

呼气时集中背阔肌力量收缩，胸部靠近单杠，屈臂引体上拉至最高处稍停 2～3 秒；吸气时以背阔肌收缩力控制身体缓慢下降。

4. 运动强度

运动强度要求每组做到力竭，共 3 组。

5. 注意事项

运动要求充分伸展和收缩背阔肌；向下放至最低，向上拉到下巴过杆。

（四）手臂主要肌肉训练方法

1. 哑铃交替弯举

（1）目标肌肉：哑铃交替弯举锻炼的是肱二头肌。

（2）身体位置：哑铃交替双手持哑铃垂于体侧，掌心朝前，两肘贴靠身体两侧。可直立，可采用坐姿，可上斜。

（3）动作路径：以肘关节为支点，向上弯举，同时前臂外旋，掌心向上朝身体外侧，举至最高点收紧肱二头肌，稍停，缓慢还原，另一侧手臂做相同动作。

（4）运动强度：运动强度是左右手各 8—12 次 / 组，共 4 组。

（5）注意事项：运动时要注意快起慢放，感受肱二头肌的收缩发力。

2. 哑铃单臂集中弯举

（1）目标肌肉：哑铃单臂集中弯举锻炼的是肱二头肌、肱肌、肱桡肌。

（2）身体位置：哑铃单臂集中弯举要求运动者坐在凳上，一手握哑铃，让上臂肘部、大臂贴在同侧大腿内侧，前臂向下垂直放松。另一侧手自然弯曲，靠于同侧大腿，保持身体稳定。

（3）动作路径：运动时，收缩握铃一侧的肱二头肌将前臂向上弯起，至最高点时收缩肱二头肌，稍停 1～2 秒，伸展肘关节，缓慢还原至起始姿势。

（4）运动强度：运动强度是左右手各 8～12 次 / 组，共 4 组。

（5）注意事项：运动时，动作快起慢落，配合呼吸。

3.反握引体向上

（1）目标肌肉：反握引体向上锻炼的是肱二头肌、背阔肌。

（2）身体位置：反握引体向上要求运动者反握单杠，握距略窄于双肩宽度。身体悬垂，手臂自然伸直，双脚在身后相互交叉勾起。

（3）动作路径：运动呼气时缓慢屈肘，将身体向上拉起，直到下巴高于单杠；稍停顿2～3秒，然后控制肌肉力量使身体缓慢下降，吸气时回到起始姿势。

（4）运动强度：运动强度每组做到力竭，做3组或以上。

（5）注意事项：运动时保持身体挺直、静止，唯一活动的关节只有肩关节和肘关节。

（五）腿部主要肌肉训练方法

腿部主要肌肉训练方法是杠铃深蹲。

1.目标肌肉

杠铃深蹲锻炼的是股四头肌。

2.身体位置

杠铃深蹲要求运动者抬头、挺胸、直腰、挺背，将横杠放在隆起的斜方肌上；脚间距与肩同宽或略宽于肩，脚尖微微外展，膝关节对齐脚尖。

3.动作路径

运动时，慢慢屈膝控制下蹲，下蹲时膝关节的方向同脚尖的方向，蹲至大腿平行于地面或稍低于水平面。最低点停滞1秒慢慢蹲起。

4.运动强度

运动强度是8～12次／组，共6～8组。

5.注意事项

运动时，杠铃放于后颈中间；下蹲时膝关节始终对齐脚尖。

（六）腹部主要肌肉训练方法

1.仰卧卷腹

（1）目标肌肉：仰卧卷腹锻炼的是腹直肌上部。

（2）身体位置：仰卧卷腹要求运动者仰卧于地垫上，膝部弯曲呈90°左右，放松背肌和脊柱，两腿并拢并自然弯曲，脚部平放在地上。

（3）动作路径：运动时，双手交叉于胸前，手肘保持两侧打开固定，起身时利用腹直肌收缩的力量抬起上背卷起身体，下背用力贴近地面，挤压腹肌。起身呼气，下落吸气。双腿处于放松状态，卷起时腹部收缩发力。

（4）运动强度：运动强度是 25～35 次 / 组，共 2～3 组。

（5）注意事项：运动时，抬起身体时，腰不离开瑜伽垫；下落时，肩胛骨不接触瑜伽垫。

2. 仰卧抬腿卷腹

（1）目标肌肉：仰卧抬腿卷腹锻炼的是腹直肌上部。

（2）身体位置：仰卧抬腿卷腹要求运动者平卧地上，两膝弯曲，抬起小腿，切勿下降，两手抱头。

（3）动作路径：运动时，保持小腿不下放的姿势，尽力把上身向前卷缩，身体实际上不用上抬很高。

（4）运动强度：运动强度是 25～30 次 / 组，做 2～3 组。

（5）注意事项：运动时，向上卷腹呼气，还原时吸气；整个过程腰部紧贴地面，手臂不要发力，只是托着头部。

3. 垂直举腿

（1）目标肌肉：垂直举腿锻炼的是腹直肌下部。

（2）身体位置：垂直举腿要求躺于垫上，背部放松，双手自然放在身体两侧，手掌朝下。

（3）动作路径：运动过程中保持上背部紧贴地面，收缩腹部抬起双腿，与身体呈 90°，轻微上抬臀部。当腹部完全收缩时，停止运动，慢慢地回到起始姿势。

（4）运动强度：运动强度是 25～30 次 / 组，做 2～3 组。

（5）注意事项：运动时，快起慢放；呼气时抬起，吸气时下落。

4. 仰卧两头起

（1）目标肌肉：仰卧两头起锻炼的是整个腹直肌。

（2）身体位置：仰卧两头起要求运动者仰卧在垫子上，双脚着地，腿部自然伸直，双手交叉放在胸前或者轻轻放在头的两侧。

（3）动作路径：运动时，收缩腹部，双腿和头部同时向腹部靠拢、收紧。

在双腿和头部靠近时稍停 1 秒左右，随后缓慢回到起始姿势。

（4）运动强度：运动强度是 8～12 次 / 组，共 2～3 组。

（5）注意事项：运动时，不要依靠惯性快速完成动作，而是有节奏、有控制地完成动作；膝关节自然伸直。

5. 负重转体

（1）目标肌肉：负重转体锻炼的是腹内、外斜肌。

（2）身体位置：负重转体要求运动者站立，持杠铃片于胸前，双脚分开，略宽于肩。

（3）动作路径：运动时，通过腹内、外斜肌来使身体左右转动，转动幅度约为 45°，动作在最末端需要制动。也可肩上扛杠铃。

（4）运动强度：运动强度是 50～100 次 / 组，共 3～4 组。

（5）注意事项：运动时，有控制地旋转，注意不要扭伤腰腹，骨盆尽量不要旋转。

第四章　全民健身背景下不同年龄阶段的健身

健身运动除了可以根据运动目标进行划分，还可以根据不同的年龄阶段进行划分，分别为少年儿童健身、中青年健身和老年健身这三类健身运动，本章将对这三个年龄阶段对应的健身运动进行介绍。

第一节　全民健身背景下的少年儿童健身

通常情况下，6~12岁的年龄阶段是小学阶段，也被人们称为学龄初期。儿童期是少年儿童生长发育的两个快速增长的中间阶段，所以说个体形态机能发育的增长在这个阶段趋于稳定。从总体来分析，身高发育速度要比体重发育速度快一些，绝大多数孩子会表现为细长型。通常男孩和女孩进入青春发育期的年龄是有差异的，女孩往往要比男孩早大约两年。

一、儿童身心发展特点

（一）儿童身体发展特点

1. 骨骼发育特点

生长发育是儿童身体的主要特点，儿童的骨骼弹性大而硬度小，柔韧性较好，因而不易完全骨折，但易弯曲变形，需要引起关注。身高的发育要比体重的发育速度快，多呈现细长型。

2. 肌肉发育特点

肌肉方面，肌肉中含水量较高，蛋白质、脂肪及无机盐类较少，肌肉细嫩。相较于成人来说，儿童期的收缩能力较弱，耐力差，易疲劳，但恢复速度相对较快。

3. 关节发育特点

因为发展儿童关节灵活性和柔韧性的难度偏小，所以建议适度安排一些可以活动关节以及发展关节柔韧性的健身活动，但千万不能忽视儿童的关节不牢固、极易脱位等现实问题。

4. 智力发育特点

儿童的神经系统已经大体发育成熟，同时已逐步拥有完成各类复杂运动的身体能力，此外儿童的智力也已经达到了很高的水平。

（二）儿童心理发展特点

在儿童持续接受各类新鲜事物的过程中，儿童的形象思维会慢慢变成逻辑思维。与此同时，在儿童掌握的日常生活知识持续增加的情况下，儿童思考问题时的目的性特征、独立性特征及灵活性特征会越来越显著。

二、儿童运动健身指导

（一）培养儿童的健身兴趣

一般来说，儿童都存在贪玩的天性，把儿童运动健身和不同形式的游戏充分融合在一起，往往能有效激发儿童参与运动健身的主观能动性。详细地说，在儿童体育活动的组织环节与设计环节中，应当有针对性地进行引导与教育。在组织和开展针对儿童群体的健身活动时，一方面要保证负荷量安排的适宜性，另一方面要保证在"玩"的过程中能使儿童有所收获。借助这种手段来增加儿童体育活动的趣味性，在潜移默化中培养和增强儿童参与运动健身的意识，对儿童自觉参与运动健身产生引导性作用。

（二）合理组织健身活动

对于儿童参与的健身活动来说，组织环节一定要达到科学性要求以及安全性要求。第一，以儿童为主要对象的健身活动安排一定要密切联系并兼顾儿童的心理特征，最大限度地推动儿童实现全面发展，并且使儿童各个方面的素质都能获得大幅度提升。第二，组织的儿童健身活动一定要确保运动负荷达到科学性要求以及合理性要求，一定要将运动强度控制在合理范围内，基本动作技术应当占据较大比例，一定要把侧重点设定为促使儿童逐步具备运动健身的意识与习惯，严禁只侧重于提高儿童的运动技能。因为儿童正处在生长发育的重要时期，身体比较脆弱、安全意识和自我保护意识都有待增强，所以针对儿童开展的各类体育活动一定要把安全工作做到位，立足于多个维度来保证儿童始终处在安全状态下。

（三）重视家庭体育的作用

家庭环境的好坏往往会对儿童的发展产生至关重要的影响。尽管我国义务教育很早起就开始减负，但儿童的学习时间依旧占据全天时间中很大的比例，儿童在学校体育课堂中参与的体育活动有很大的局限性，因此从整体来看对儿童运动健身产生的实际成效有很大的局限性。针对这种情况，家长就有必要适当开展适宜儿童参与的家庭体育活动，如此不仅可以增进儿童和家长的感情，还能在一定程度上锻炼儿童，对儿童的全方位发展显然是有益而无害的。

就现阶段来说，要想更好地吸引广大儿童自觉成为各类健身活动的参与者，就一定要把家庭体育与体育课、课外体育活动等形式的体育运动充分融合在一起，想方设法使各种运动形式形成优势互补，最终将各项体育活动形式的价值和作用发挥得淋漓尽致。通过综合分析能够发现，这是提高儿童身体素质和推动儿童健康成长的可行性途径。

三、适合儿童的健身项目

全方位分析儿童的身心发展特征以及兴趣爱好等能够得出，适合儿童参与的健身项目有自由活动、走、跑、攀爬类的活动、跳绳、垫上运动（滚翻）、体操、足球、篮球、游泳、武术等活动。

第二节　全民健身背景下的中青年健身

一、青少年健身指导

青少年期是指 12～17 岁这个年龄阶段。由于青少年是一个相对特殊且较为重要的群体，所以青少年时期也是组织和开展体育运动训练及健身的重要时期。

（一）青少年身心发展特点

1.青少年身体发展特点

青少年的身体发育是其人生中的一个高峰阶段，从儿童期进入少年期，少年的身体形态以及各种指标增长速度会突然变快。从整体来看，在少年期的发育过程中，身体长度发育在前，横向发育在后。从手脚与躯干、四肢的发育状况来看，手脚和四肢的发育在前，躯干的发育在后。男、女青少年的身体发育会表现出明显的性别差异。

2.青少年心理发展特点

通常来说，青少年的人际关系存在显著的复杂性特征，他们的抽象思维能力以及独立学习能力同样呈现出比较明显的增强趋势。但不容忽视的是，他们的心理依旧有很多需要发展和完善的地方，突出反映在以下四个层面。

第一，独立性和依赖性同时存在，认识水平有待提高，自控能力有待增强，被暗示的可能性偏大。

第二，兴趣爱好出现转变以及转移的可能性偏大。

第三，身体形态与机能在短时间内的快速发展会作用于青少年的心理发展，进而会产生很多变化。

第四，较多青少年都会产生叛逆心理，所以在青少年参与体育健身的过程中一定要对其进行行之有效的引导。

（二）青少年运动健身指导

一般来说，学校是组织并开展青少年运动健身活动的重要场所，所以这里仅对青少年学生的科学体育健身进行着重分析，并在此基础上提出指导性建议。

1.增强青少年健身运动的意识

在年龄持续增长的情况下，青少年的身体发展与心理发展也会出现多重变化，同时青少年的知识经验也会持续增加，所以他们对体育活动持有的观点和看法同样会出现或多或少的变化。就这个阶段来说，青少年参与身体锻炼的主观能动性会有所增加，参与体育活动的目的性也会越来越明显，开始想要达到竞技体育运动中相关动作技术的标准和要求。从整体来说，这个阶段是青少年掌握与提高有关技术动作的关键阶段。青少年形成良好的运动健身意识，往往会对其参与运动健身产生强有力的引导作用，所以说一定要把培养青少年健身意识当作一项重要任务。

2. 满足青少年健身运动的需求

青少年运动健身活动需要达到的要求是：一方面，最大限度地满足青少年在运动健身方面的需求，在有限的闲暇时间内循序渐进地培养青少年的锻炼习惯。此外，科学选择适宜青少年身体发展特征和心理发展特征的体育活动。另一方面，以青少年的身体发育特征、心理发育特征以及实际喜好为依据，指导青少年选择最感兴趣的体育活动，逐步启发并培养青少年的健身意识，从而为他们未来的体育健身或者体育事业奠定稳固的基础。

3. 帮助青少年掌握正确的运动技能

对于青少年来说，不仅要着重向他们传授运动健身知识，还要采取多元化手段让他们掌握相关的运动技能。正确的运动健身知识与运动技能可以使学生受益一生。

在传统的体育教学中，只注重学生的基础知识和基本技术的传授，而忽视了学生群体的差异性，体育方面具有天赋的学生并没有真正地掌握相应的较高水平的动作技术，不利于其今后的发展。另外，学校对健康保健方面的知识传授较少，再加上学生掌握的动作技术相对较为浅显，从而使得其毕业之后便很难再进行相应的体育锻炼。因此，在教学过程中，应使学生真正在进行相应的体育健身锻炼过程中正确掌握并熟练运用动作技术。此外，还应加强对学生的体育健身知识的教授，使学生能运用所学的知识指导健身活动。

4. 注重培养青少年良好的思想品德

青少年时期是一个特殊的时期，该时期是学生价值观念、人生态度等形成的重要时期，应注重对其道德观念及意志品质的塑造和培养。体育教学并不仅仅是对学生的运动技能和知识等方面的培养和提高，也是对其心理、道德、意志品质等方面的发展，其目的是促进学生的全面发展。因此，在教学过程中，应运用和创造各种条件来发展学生在这些方面的素质，使学生养成积极进取精神、团队合作意识、遵纪守法意识等。还需要补充的是，要在适宜的时间鼓励学生参与体育健身活动，使学生逐步形成积极向上、自信、乐观的良好性格。

（三）适合青少年的健身项目

1. 跑跳类运动

跑跳类运动项目主要有短跑、长跑、跳高、跳远等，可发展青少年的奔跑能力，下肢力量及灵巧协调能力，还能较全面地促进青少年身体各器官机能的提高，促进生长发育，但跑跳时要注意强度不要太大。

2. 球类运动

球类运动有益于发展青少年的灵巧、协调、反应能力。

3. 体操运动

体操对发展青少年的身体柔韧性具有重要作用。

4. 游泳与滑冰

游泳、滑冰、滑雪作用类似跑步，且能引起青少年极大的健身兴趣，对青少年的身体健康发育影响较为全面。

二、青壮年和中年健身指导

（一）青壮年身心发展特点

1. 青壮年生理发展特点

青壮年是指在 18～35 岁年龄阶段的人，这属于个体的黄金期。就这个时期来说，分布在身体各个部位的器官组织的生长发育已经大体完成，身体素质相对较高。因为青壮年时期的身体素质是一生中的巅峰时期，所以承受较大运动负荷量的能力比较强，可以相对容易地适应各类运动健身活动。

2. 青壮年心理发展特点

通常情况下，青壮年都有很丰富的情感以及人生理想与抱负，特定的价值观念以及个性特点会在这个时期形成，对待事物有自身的态度和观点。除此之外，青壮年的意志力与自控力会得到质的提升，但某些情况下不可避免地会出现冲动的情况。

就体育健身而言，青壮年时期的人们参与运动健身活动的主观能动性是各个年龄阶段人群中最弱的，原因在于他们对自身的健康水平比较自信，所以往往不会重视运动健身，这种思想必然会对他们长期维持身体健康产生负面影响。有为

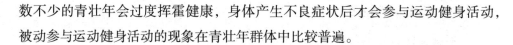

数不少的青壮年会过度挥霍健康，身体产生不良症状后才会参与运动健身活动，被动参与运动健身活动的现象在青壮年群体中比较普遍。

（二）中年人身心发展特点

中年人是指年龄在 35～60 岁的人群，他们的身心发展特点如下。

1. 中年人的身体发展特点

人到中年之后，身体的各项机能以及各方面的素质逐渐开始下降。中年人各方面的身体机能出现下滑，在工作和生活的压力下，很多人进入疾病多发的困难时期。物质生活条件的改善也容易造成中年人的营养过剩，再加上中年人的精力开始减退，很多人开始发胖，体力也明显衰退，进行相应的运动之后产生的运动疲劳也不容易恢复。

2. 中年人的心理发展特点

通常中年人会积累丰富的工作经验与生活经验，事业方面同样会取得相应的成就，许多中年人在工作单位中都扮演着重要角色。中年人需要承受的工作压力与生活压力比较大，但运动量却普遍偏少，这使得很多中年人的心理存在不同程度的紧张与抑郁。尽管中年人的心理比较成熟、经验相对丰富，但在工作和生活的双重重压下，往往需要承受很沉重的心理压力，有很大可能会出现抑郁、失眠等心理疾病。在中年人年龄持续增加的过程中，他们的心理疾患与生理疾病的发病率会呈现出持续上升的趋势。

（三）青壮年和中年健身指导

1. 领会健身的重要性和必要性

现实生活中，青壮年和中年受各种因素的影响（如错误健身观念、没有时间健身等），大多忽视体育健身锻炼，从而使其身体机能出现下降，体质向不健康的方向转变，呈现"亚健康"状态，并且非常容易疲劳，这一趋势在中年期将更加凸显。很多人感觉才到中年便百病缠身，严重影响其工作和生活，其中很大程度上是因为其在青年时期不注重体育锻炼。就现阶段来说，青壮年认识运动健身活动出现的常见误区如下：第一，青壮年和中年的各项身体机能处于最佳水平，所以他们理所当然地认为参与运动健身活动是对体质状况较差的人说的，自己参与运动健身活动的必要性不大；第二，青壮年和中年阶段没有时间和必要参与运动健身活动，年龄大了再参与运动健身活动也为时不晚。

针对青壮年和中年人群对体育健身认识的错误认知，有必要有目的、有意识地对青壮年进行宣传和教育，增强其对体育锻炼的认识和了解，培养其健身观念和健身意识。让青壮年和中年人群认识到"没有必要参与体育健身锻炼"的观念是错误的，青壮年和中年人群"没有必要参与体育健身锻炼"的观念是没有认清进行体育锻炼的重要性和必要性，因此，青壮年和中年人群缺乏真正的体育锻炼知识和体育锻炼观念。青壮年和中年应注重体育健身活动，并养成有规律的体育健身习惯，使体育健身成为日常生活的重要组成部分。以下两种手段能够使得青壮年和中年的体育健身观念发生转变，便于引导和组织青壮年和中年群体科学健身。

其一，可以通过宣传教育，使青壮年和中年人群明白健身锻炼的重要性，在人生的不同时期和阶段都应注重体育锻炼对身心健康的重要作用。尤其是青壮年时期，学习、工作和生活的压力大，生活节奏的进一步加快，健康则是开展相应的工作、学习和创造美好事业的物质基础。青壮年更应该加强体育锻炼，进行长效的健康投资，树立科学的健康理念。

其二，组织与安排青壮年和中年人群参与体育运动时，不仅要把人们的个体差异性考虑在内，还要把其当前掌握运动技能的实际情况考虑在内，也要把青壮年和中年的身体发展特征和心理发展特征考虑在内，从而保证运动健身活动达到针对性要求。

2. 重视健身知识与技能的掌握

不管运动健身人群正处于哪个年龄阶段，参与运动健身活动都离不开健身知识的科学指导以及掌握相关的运动技能，组织和开展者一定要高度重视知识传授环节和技能传授环节，从而使青壮年和中年人群掌握的基础知识和运动技能对其可以产生正面影响。

3. 建立起科学健康的生活方式

在社会竞争日益激烈的背景下，青壮年和中年需要正视的求职压力、升职压力、家庭经济负担都在持续增加，所以很多青壮年长时间保持着不健康的生活方式，即熬夜、睡眠不足、饮食不规律、吸烟、酗酒等，长此以往必然会对青壮年和中年人群的身心健康产生威胁。由此可见，青壮年和中年人群一定要建立并保持良好的生活方式，同时通过诸多努力来增强自身的社会适应能力与心理承受能力。

诸多实践与事实表明，科学参与运动健身活动是人们形成健康生活方式的一项有效手段，如此不仅能扩大青壮年和中年人群的社会交往范围，还能使其人际关系更加融洽，在科学参与的过程中逐步形成顽强的意志品质以及拼搏精神，使其文化素质和生活品质得到大幅度提升，此外能使其业余生活更加多样化。

4. 青壮年和中年运动健身注意事项

第一，保证运动健身达到科学性要求与有效性要求，从而使其运动锻炼的效果有所增强。

第二，青壮年和中年组织和安排的运动健身活动时间，一定要把自身的工作状况以及生活状况都考虑在内，保证锻炼计划的科学性和有效性，逐步养成良好的运动习惯。

第三，安排青壮年和中年的运动健身活动时，要保证运动项目、运动内容、运动形式都达到多样性要求，从而对不同兴趣爱好的青壮年和中年人群产生更大的吸引力。

第四，青壮年和中年要对自己提出坚持参与身体锻炼的要求，如此可使其身体素质得到大幅度提升，也可以为其终身体育锻炼奠定基础。

（四）适合青壮年和中年的健身项目

青壮年和中年可以结合自身的具体实际，自由地选择运动健身项目。这一阶段，青壮年在选择体育运动健身项目时，会依据自身的身体条件、运动兴趣及生活习惯等作出相应的判断。一般而言，适合青壮年和中年人群的健身项目主要有散步、慢跑、自行车骑游、爬山、跳操、跳舞、象棋、扑克、麻将、垂钓、拳击、散打、高尔夫球、保龄球、网球、足球、台球、水上运动、登山、赛车、射击、溜索、潜水、冲浪、滑水、赛艇、漂流、飞伞、热气球、卡丁车等。青壮年和中年人群可结合自己的兴趣爱好和经济条件，有选择性地参加健身运动。

第三节 全民健身背景下的老年健身

一、老年人身心发展的特点

老年人是指年龄在 60 岁以上的人群，他们的身心发展特点如下。

（一）老年人的身体发展特点

在我国经济快速增长、物质生活条件持续改善的大背景下，人均寿命同样在持续延长。在年龄持续增长的过程中，老年人身体各个部位的器官和组织呈现出的衰退变化会日渐明显，适应能力与抵抗疾病的能力会大幅度减退，反应迟缓、智力下滑及运动困难等状况都会相继出现。因此，个体在老年阶段的患病率也会呈现出上升趋势，他们要想维持健康生活就必须正视各种疾病相继发生的问题。

（二）老年人的心理发展特点

一般来说，这一阶段老年人会从工作岗位上退休，他们的社会角色会出现巨大转变，这些变化会对他们的心理产生很大影响。首先，大多空闲的时光极易使他们产生消极心理；其次，子女工作繁忙极易使他们产生孤独感和失落感；最后，身体各项机能的衰退极易使他们产生紧张情绪及恐惧情绪。这三个方面都会对老年人的身心健康产生或多或少的负面影响。

二、老年人运动健身指导

针对老年人开展的运动健身活动一定要以其身心发展特征为出发点，同时在全面兼顾老年人锻炼目标、锻炼需求、兴趣爱好的基础上选择并运用最适宜的体育锻炼内容与体育锻炼方法。为此，一定要结合老年人的实际喜好和身体素质选择最适宜的运动，同时要保证运动负荷量的适宜性。

（一）端正态度

面对身体和心理出现的各种问题，老年人应该予以正视，老年人应确立正确的健康观念，进行必要的健康储蓄，以保证现在和未来的高质量生活。

对于健康观念淡薄的老年人，应加强宣传和教育，使其关注自身多方面的健康状况，并使其明确进行运动锻炼多方面的作用和功能。老年人应改变以往的错误想法和认识，把参加体育锻炼变成自觉的要求和行动，科学健身。

（二）量力而行

年龄因素所引起的身心变化会对老年人的健康产生很大的影响，在体育健身过程中，要量力而行，切不可争强好胜。运动形式主要是严格控制负荷量的有氧运动。如果负荷量安排不当，则可能对身体造成一定程度的损害，甚至引发意外事故。此外，健身过程中还应进行自我监控，并定期对身体进行健康检查。

（三）因人而异

老年人的运动健身应以群体性体育运动锻炼为主，这样更加适合老年人的身心发展特点。老年人在群体活动的交往过程中，会交流各自参加体育锻炼的心得体会。但是，需要注意的是，老年人的体质状况具有很大的差异性，因此应做到因人而异，科学进行锻炼。

通常组织运动健身活动时，一定要在分析和联系老年人身体机能状况和实际心理需求的基础上，选择切实可行的锻炼内容与锻炼手段。对于参与运动健身活动的老年人来说，参与过程中不要参照其他人的运动量来确定自己的运动量，要保证运动健身与自己的身心接受能力相吻合，同时保证运动健身活动达到针对性要求以及实效性要求。还需要注意的是，运动健身过程中要有机统一动与静这对矛盾。

（四）循序渐进

老年人的体育锻炼应是一个循序渐进的过程，要保持一定的规律性。如果断断续续地进行体育锻炼则不能够起到应有的健身锻炼效果。

（五）安全第一

在进行体育锻炼时，技术动作的难度以及运动的强度应在其可接受范围之内，不可盲目地增加运动负荷，避免造成过度疲劳或身体伤害，保证健身锻炼的安全。

（六）防病与治病有机结合

老年人参与运动健身活动不仅能够祛病强身、保持健康、延年益寿，还能够丰富和充实生活，提高生活的质量。大量的实践和事实表明，老年人进行运动锻炼能够有效提高自身的免疫力，起到预防疾病的目的。为此，指导老年人参与运动健身活动时必须与提高身体素质、防病、治病充分结合在一起，从而更好地满足中老年人的身心发展需求。

三、适合老年人的健身项目

老年人在选择健身项目时，应当优先选择中小负荷、低运动强度的运动项目。通常适合中老年人参与的体育项目有：健身跑、游泳、门球、太极拳、太极剑、体育舞蹈、慢跑、散步、游泳、垂钓、棋牌等。这些项目对于缓解中老年人的身体机能和心智能力下降都具有明显的作用。

第五章 全民健身的实践路径

本章为全民健身的实践路径，其中包括全民健身的学校健身路径、全民健身的社区健身路径和全民健身的农村健身路径，分别从学校、社区和农村这三个层面来研究如何在现实生活中对全民健身进行实践。

第一节 全民健身的学校健身路径

学校体育健身是全民健身的重要工作内容。全民健身的全民性是非常广泛的，其中青少年儿童是非常重要的群体，应受到重点关注。青少年学生正是接受教育的年龄，并且他们的大多时间都是在学校度过的，因此落实全民健身工作，抓好学校健身教育，是促进青少年学生群体身心健康发展的重要和有效途径，也是通过青少年学生群体影响更多家庭以及家庭长远参与体育健身活动的重要方法。建立健全学校体育健身有助于在全社会培养一个良好的健身氛围，并为未来我国全民健身培养潜在的体育健身人口、体育健身指导员，全面提高我国国民体质健康水平、体育文化素养，促进全民健身的长期可持续发展。

一、学校体育与全民健身的关系

（一）学校体育能够促进全民健身的发展

1. 体育人口基础

学生是一个重要的角色，其在学校的主要任务就是学习各种知识、掌握各种技能，为以后走出校园、进入社会奠定良好的个人素质基础。学校作为培养人才的重要基地，在体育教育方面，就是要通过科学的体育教育促进学生的身体、心理、社会健康全面发展，促进现代化素质教育的实现，为社会发展需要培养合格的人才。

此外，在学校体育教学中，促使学生的体育欣赏素养得到本质提升，有助于促进学生的身心健康、全面发展，有助于使学生成为一个拥有健康人格品质的人，这对于学生成为未来社会的合格建设者是十分重要的。

2. 体育意识基础

在校园开展学校体育，促进学校体育发展，鼓励越来越多的学生参与到体育运动中来，有助于不断强化学生的体育健身意识。体育意识表现在以下 3 个方面中。

（1）体育参与意识。学生的体育参与意识提高可影响作为社会成员的家庭成员积极参与体育。

（2）体育规则意识。在体育运动参与过程中，运动者必须遵守相关体育运动项目的运动规则，这种规则意识可以影响运动者的日常生活，有助于促进良好社会秩序、道德的遵守。

（3）体育道德意识。通过体育参与，接受体育精神、体育道德的洗礼，有助于学生良好行为习惯的养成，并将良好行为习惯延续到日常的生活和学习中去。

3. 培养良好体育素养

学校体育参与，无论是自身投入体育运动实践中去，还是通过观赏各种体育活动间接参与体育活动，都有助于丰富学生的体育知识、体育精神、体育道德；有助于提高学生的体育文化素养；对于学生更进一步地关注体育、参与体育具有重要的促进作用；对学生走出校园，在社会中直接或者间接参与到社会大众体育活动中去具有重要帮助作用。

（二）全民健身与学校体育的相互促进发展

社会体育与学校体育相互促进、相互受益，并间接促进我国社会体育事业的发展。

1. 校内外体育活动的融合发展

一方面，在学校体育发展过程中，应落实"健康第一"的指导思想，有效地增进学生的健康、增强学生的体质。为此，学校体育就必须走课内外、校内外一体化的整体改革道路。

另一方面，学校体育发展不能仅局限于校园内，这是因为学生在学校的课内时间和空间毕竟有限，学校应该将校内外体育活动有机结合起来，将学生的课外、双休日、节假日的时间合理利用起来，同时，将体育课程拓展到家庭、社区、体育俱乐部，以及田野、山林、沙滩等自然环境中去，真正使学校体育冲破课堂束缚，从而使学校体育能顺应全民健身的发展。

2. 大众健身与学校体育的资源共享

大众健身与学校体育发展应该实现资源共享，并且有实现资源共享的可能性。

首先，学校拥有良好的师资力量、专业的体育场馆，这些人力、物力资源可在节假日向社会开放，充分促进大众健身的发展。

其次，大众健身拥有广泛的群众性健身路径，如社区体育健身，这些健身路径可作为学生校外健身锻炼的有益补充。全民健身成果人人共享，包括在校学生。

二、基础体能健身

当前，我国学校教育非常重视青少年学生的体育运动锻炼，在课程内容设置上注重丰富多样，课内课外重视学生的基础体能练习。在我国各级各类学校中，高校体育场馆与场地设施较为丰富，能为高校学生的课内与课外体能健身练习提供更多便利。学生进行体能健身练习应注意各种体能素质的全面性发展。

（一）力量素质健身练习

1. 上肢力量健身练习

（1）提放双肩：双肩向耳朵方向上提，再落下。

（2）屈肘：双腿开立，双手体前反握杠铃，上提，还原，重复练习（图5-1-1）。

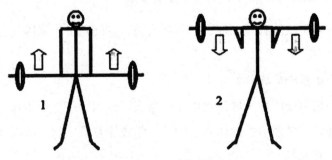

图 5-1-1 屈肘

（3）颈后伸臂：双腿开立，双手头后反握杠铃，直臂上举，还原，反复练习（图 5-1-2）。

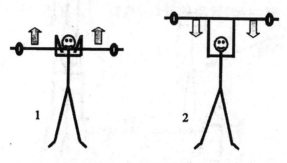

图 5-1-2　颈后伸臂

（4）肘部屈伸：双腿开立，双手体前反握杠铃，屈双臂上举，还原，反复进行练习（图 5-1-3）。

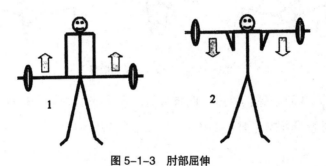

图 5-1-3　肘部屈伸

（5）引体向上：双手分开同肩宽，双手握紧单杠向上拉引身体（图 5-1-4）。

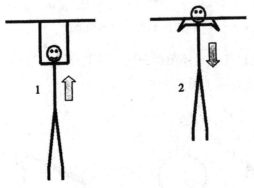

图 5-1-4　引体向上

（6）双杠臂撑起：双手撑双杠，直臂支撑身体，还原，反复练习（图5-1-5）。

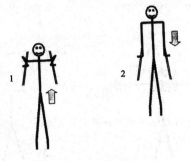

图5-1-5　双杠臂撑起

（7）实心球移动俯卧撑：俯卧，身体呈一条直线，一手撑在球上，一手和双脚掌撑地，两只手轮流撑球做俯卧撑（图5-1-6）。

图5-1-6　实心球移动俯卧撑

（8）实心球俯卧撑：俯卧，两脚分开，躯干平直，脚尖撑地，双手撑在实心球上，屈肘做俯卧撑（图5-1-7）。

图5-1-7　实心球俯卧撑

（9）瑞士球俯卧撑：身体斜撑在瑞士球上，成一条直斜线，双手撑在球上，直体悬空，反复做俯卧撑（图5-1-8）。

图5-1-8　瑞士球俯卧撑

2. 躯干力量健身练习

（1）双手扶腰下推：开立，双手扶腰，前推手掌，展腰，重复练习（图 5-1-9）。

图 5-1-9　双手扶腰下推

（2）叉腰转体：开立，双手叉腰，上体侧转，头后转，目后视，反复练习（图 5-1-10）。

图 5-1-10　叉腰转体

（3）顶墙送髋：前臂靠墙支撑，头靠手，向前送髋，双腿轮流牵拉练习（图 5-1-11）。

图 5-1-11　顶墙送髋

（4）弓箭步压髋：弓箭步，下压后腿和髋部，换腿反复练习（图 5-1-12）。

图 5-1-12　弓箭步压髋

（5）负重转体：双腿开立，屈膝，两手平伸扶杠铃，侧转体90º，还原（图 5-1-13）。

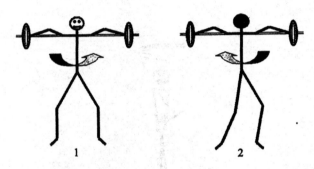

图 5-1-13　负重转体

（6）负重屈体：负重屈体包括负重体侧屈、负重体前屈（图 5-1-14、图 5-1-15）。

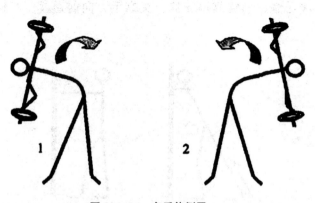

图 5-1-14　负重体侧屈

图 5-1-15 负重体前屈

（7）负重屈转体：双腿开立，一手持哑铃，接触对侧脚尖（图 5-1-16）。

图 5-1-16 负重屈转体

3. 全身力量健身练习

（1）持实心球侧蹲：开立，呈侧弓步蹲，直臂前送实心球，反复练习（图 5-1-17）。

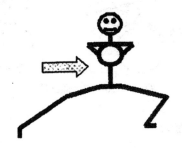

图 5-1-17 持实心球侧蹲

（2）肩上侧后抛实心球：双腿开立，下肢发力带动躯干回转实心球，使球从身体另一侧肩上向后抛出（图 5-1-18）。

图 5-1-18　肩上侧后抛实心球

（3）球上仰卧起坐：仰卧在球上，开立支撑，做仰卧起坐练习（图 5-1-19）。

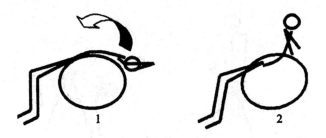

图 5-1-19　球上仰卧起坐

（4）球上仰卧举腿：仰卧在球上，握横杠固定双手，直腿上举（图 5-1-20）。

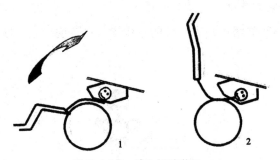

图 5-1-20　球上仰卧举腿

（二）速度素质健身练习

1.反应速度健身练习

（1）两人拍击：两人一组，尝试拍击对方背部，同时防止被对方击打到（图 5-1-21）。

图 5-1-21　两人拍击

（2）反应起跳：练习者围圈向内站立，圆心处站一同伴持超过圆半径长杆画圈（速度、方向随意），圆上站立者及时起跳避免被长杆打到（图 5-1-22）。

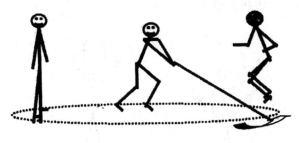

图 5-1-22　反应起跳

（3）贴人跑：两两前后站立，所有人围圈向内，两名练习者圈外追逐，逃跑者可随意贴靠一组站立，小组另一临边者随即成为逃跑者，始终保持有两人在圈外追逃（图 5-1-23）。

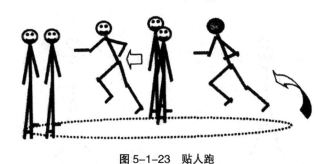

图 5-1-23　贴人跑

（4）抢球：准备练习人数减一，绕球圈外慢跑，听口令就近抢球，没抢到球者淘汰，直到剩下最后一人（图 5-1-24）。

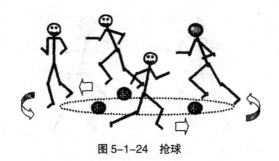

图 5-1-24　抢球

2.动作速度健身练习

（1）纵向飞鸟：双腿开立，双手掌心向内，体侧持握杠铃片，向体侧直臂快速提起至头顶，再还原（图 5-1-25）。

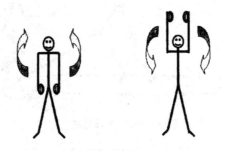

图 5-1-25　纵向飞鸟

（2）横向飞鸟：双腿开立，双手掌心向内，双臂体前平举杠铃片，沿体侧向后直臂水平快速移动杠铃片至最大限度，再还原（图 5-1-26）。

图 5-1-26　横向飞鸟

（3）仰卧快速斜推哑铃：背部仰卧在瑞士球上，双臂连续快速上推哑铃（图 5-1-27）。

图 5-1-27　仰卧快速斜推哑铃

（4）跳栏架：两脚起跳依次通过一定高度的栏架，反复练习（图 5-1-28）。

图 5-1-28　跳栏架

（5）跳接实心球：双腿开立，背向球，双脚夹球，起跳，抛球，转身接球（图 5-1-29）。

图 5-1-29　跳接实心球

3.位移速度健身练习

（1）摆臂：双脚并拢，快速前后摆臂，肘关节弯曲 90°。

（2）脚回环：单腿支撑，手扶固定物维持平衡。一只脚以短跑动作进行回环练习（图 5-1-30）。

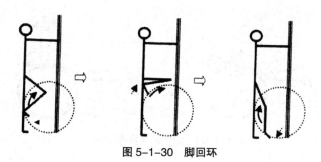

图 5-1-30　脚回环

（3）高抬腿跑绳梯法：单脚落地，快速跑完每个格子约 50 厘米的间距绳梯（图 5-1-31）。

图 5-1-31　高抬腿跑绳梯法

（4）高抬腿跑绳梯：双脚在同一格内落地，尽快跑过每格约 50 厘米间距的绳梯（图 5-1-32）。

图 5-1-32　高抬腿跑绳梯

（5）拖轮胎跑：腰部牵拉一个汽车轮胎，快速跑进（图 5-1-33）。

图 5-1-33　拖轮胎跑

（三）耐力素质健身练习

1. 有氧耐力健身练习

（1）持续走：以 80%～85% 的运动强度走 3 000～6 000 米。

（2）重复走：在规定时间内完成一定距离（如 400 米）的竞走练习,4～5 组,间歇 5 分钟。竞走段落应短于专项距离。

（3）间歇跑：在 30 秒完成 200 米跑,练习 6 组,以 200 米慢跑作为间歇。

（4）定时跑：进行 15 分钟左右的定时跑练习,时间更长一些也可以,保持50%～55% 的练习强度。

（5）水中快走或大步走：在深 30～40 厘米的水池中快速走或大步走。

2. 无氧耐力健身练习

（1）间歇行进间跑：进行 30 米、60 米、80 米、100 米等短距离的行进间跑练习。

（2）沙滩跑：在沙滩上进行快慢交替跑练习。

（3）反复变向跑：听口令或看信号做不同方向的变向跑。

（4）法特莱克跑：变速跑 3 000～4 000 米,变速方法可采用阶梯式。

（5）俄式间歇跑：采用固定练习中间休息时间,逐渐缩短跑的中间休息时间。

（四）柔韧素质健身练习

1. 上肢柔韧健身练习

（1）背后拉毛巾：两臂背后一手上一手下相接握一条毛巾,两手逐渐靠近（图 5-1-34）。

图 5-1-34　背后拉毛巾

（2）向内旋腕：双臂前伸，手腕尽量内旋，双手分离，反复练习。

2.躯干柔韧健身练习

（1）拉肩练习：可进行背向压肩（图5-1-35）、向内拉肩（图5-2-36）、向上拉肩（图5-3-37）等练习。

图 5-1-35　背向压肩

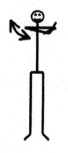

图 5-1-36　向内拉肩

图 5-1-37　向上拉肩

（2）拉颈练习：拉颈练习包括前拉头（图5-1-38）、侧拉头（图5-1-39）、仰卧前拉头（图5-1-40）等方法。

图 5-1-38　前拉头

图 5-1-39　侧拉头

图 5-1-40　仰卧前拉头

（3）站立伸背：双腿开立，双手扶杆，上体前倾与地面平行；四肢伸直，屈膝，上体下压，背部下凹成背弓（图 5-1-41）。

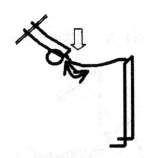

图 5-1-41　站立伸背

（4）坐立拉背：坐立，屈膝，抱腿，向前下拉背（图 5-1-42）。

图 5-1-42　坐立拉背

（5）跪立背弓：跪立，脚尖向后，上体后仰，双手扶脚跟（图 5-1-43）。

图 5-1-43　跪立背弓

（6）俯卧背弓：俯卧，后举腿；双手抓住双踝，提起胸部和双膝（图 5-1-44）。

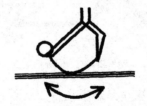

图 5-1-44 俯卧背弓

3. 下肢柔韧健身练习

（1）仰卧提腿：仰卧，直膝抬腿，与地面呈 90º（图 5-1-45）。

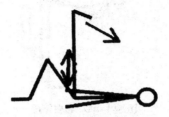

图 5-1-45 仰卧提腿

（2）仰卧提膝：仰卧，屈膝抬腿，双手拉膝贴胸（图 5-1-46）。

图 5-1-46 仰卧提膝

（3）直膝分腿坐压腿：双腿左右分开，转体，上体前倾贴在一条腿上（图 5-1-47）。

图 5-1-47 直膝分腿坐压腿

（五）灵敏素质健身练习

（1）前、后滑跳移动。

（2）弓箭步转体。由（左）弓箭步姿势开始，听到"开始"信号后，两脚蹬地跳起，身体向左（右）转180°呈（右）弓箭步。

（3）立卧撑跳转体。先完成一次立卧撑，即刻接原地跳转180°。

（4）团身跳。原地双脚向上跃起，腾空后两腿迅速团身收紧，下落还原站立姿势。

（5）各种变化方式（动作、方向、速度）的跑步练习。

三、健美操舞蹈健身

（一）健美操健身

1.上肢动作健身练习

（1）手型：健身健美操的基本手型动作主要有如下8种，手型动作姿态如图5-1-48所示。

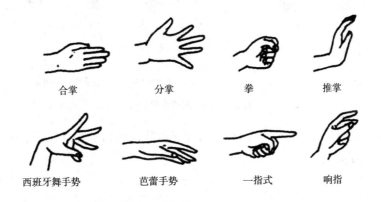

合掌　　　分掌　　　拳　　　推掌

西班牙舞手势　　芭蕾手势　　一指式　　响指

图5-1-48　健身健美操的基本手型动作

（2）手臂动作。

①举：开立，上体正直，以肩为轴，手臂向各个方向移动并固定（图5-1-49）。

图 5-1-49　举的手臂动作

②屈：开立，上体正直，肘关节由曲到直或由直到曲（图 5-1-50）。

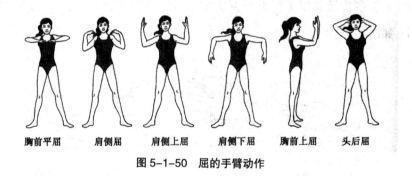

图 5-1-50　屈的手臂动作

③绕、绕环：开立，上体正直，两臂或单臂以肩为轴弧线向内、外、前、后绕或绕环（图 5-1-51）。

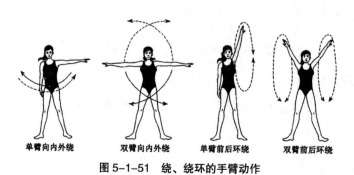

图 5-1-51　绕、绕环的手臂动作

2. 头颈动作健身练习

（1）屈：身体正直，头部向前、后、左、右做颈部关节弯曲（图 5-1-52）。

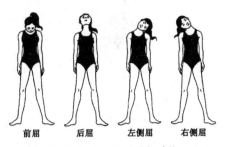

前屈　　　后屈　　　左侧屈　　　右侧屈

图 5-1-52　屈的头部动作

（2）转：头正直，下颌平稳左右转动 90°（图 5-1-53）。

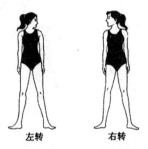

左转　　　右转

图 5-1-53　转的头部动作

（3）环绕：头正直，头颈部沿身体垂直轴向左、右转动 360° 或沿身体垂直轴向左或右环绕。

3. 躯干动作健身练习

（1）肩部动作。

①提肩：开立，上体正直，肩部沿身体垂直轴尽量上提（图 5-1-54）。

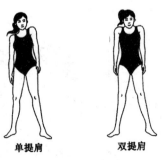

单提肩　　　双提肩

图 5-1-54　提肩

②沉肩：开立，上体正直，肩部（双肩）沿身体垂直轴向下沉落（图5-1-55）。

沉肩

图 5-1-55　沉肩

③绕肩：开立，上体正直，肩部（单肩或双肩）沿身体前、后、上、下四个方向绕动（图5-1-56）。

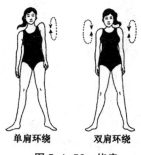

单肩环绕　　双肩环绕

图 5-1-56　绕肩

（2）胸部动作。

①含胸、挺胸：含胸时低头，收腹，收肩，背弓；挺胸时抬头，挺胸，展肩。

②移胸：髋部固定，以腰腹发力，带动并跟随胸部左右移动。

（3）腰部动作。

①屈：开立，腰部伸展，向前或向侧做拉伸运动（图5-1-57）。

前屈　　　后屈　　左侧屈　　右侧屈

图 5-1-57　屈的腰部动作

②转：开立，结合迈步移动重心，腰部带动身体沿垂直轴左右转动（图5-1-58）。

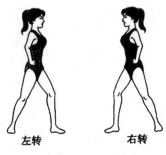

左转　　　　　　右转

图 5-1-58　转的腰部动作

④绕和环绕：开立，与手臂动作相结合，腰部做弧线或圆周运动（图 5-1-59）。

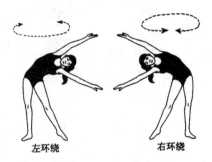

左环绕　　　　　　右环绕

图 5-1-59　绕和环绕的腰部动作

（4）髋部动作。

①顶髋：开立，一腿伸直支撑、一腿屈膝内扣，上体正直，双手叉腰，向前后左右方向顶髋（图 5-1-60）。

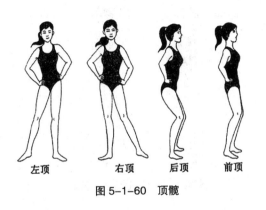

左顶　　　右顶　　　后顶　　　前顶

图 5-1-60　顶髋

②提髋：开立，体侧曲臂，半握拳，向左、右上提髋（图 5-1-61）。

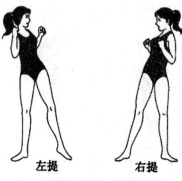

左提　　　　右提

图 5-1-61　提髋

③绕和环绕：开立，双手叉腰，髋向左、右方向做弧线或圆周运动（图 5-1-62）。

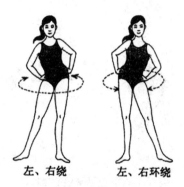

左、右绕　　　左、右环绕

图 5-1-62　髋部绕和环绕的动作

4. 下肢动作健身练习

（1）直立、开立：直立、开立动作如图 5-1-63 所示。

直立　　　　开立

图 5-1-63　下肢直立、开立

（2）点立：直立，叉腰，伸出一条腿做点立或双腿提踵立（图5-1-64）。

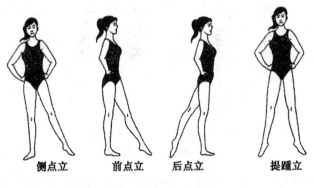

側点立　　　前点立　　　后点立　　　　提踵立

图5-1-64　下肢点立

（3）弓步：双手叉腰，大步迈出一腿，做前、侧、后屈的动作（图5-1-65）。

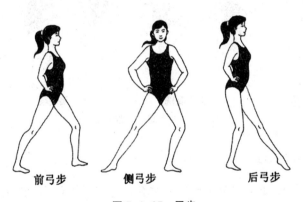

前弓步　　　　侧弓步　　　　后弓步

图5-1-65　弓步

（4）踢：自然站立，双手叉腰，腿向各个方向摆踢（图5-1-66）。

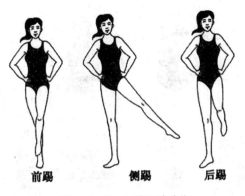

前踢　　　　侧踢　　　　后踢

图5-1-66　踢的下肢动作

（5）弹：自然站立，双手叉腰，双腿做正向、侧向的弹动（图 5-1-67）。

正弹腿　　　　　　　侧弹腿

图 5-1-67　弹的下肢动作

（6）跳：自然站立，双手叉腰，做各种姿势的腿部跳动（图 5-1-68）。

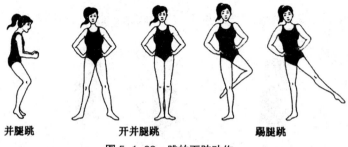

并腿跳　　　　　开并腿跳　　　　　踢腿跳

图 5-1-68　跳的下肢动作

（二）体育舞蹈健身

体育舞蹈包括摩登舞和拉丁舞两大舞系，这里重点就两个舞系中的华尔兹与伦巴基本舞步练习进行简析。学生可选择自己喜欢的舞种的舞步进行练习。

1.华尔兹基本舞步健身

华尔兹基本健身舞步学练内容与方法具体如下。

（1）前进步：华尔兹前进步的基本舞步如图 5-1-69 所示。

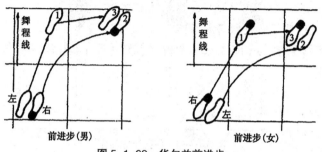

前进步（男）　　　　　　　前进步（女）

图 5-1-69　华尔兹前进步

①男伴左足前进；女伴右足后退。

②男伴右足横步；女伴左足横步。

③男伴左足并于右足；女伴右足并左足。

（2）换并步：华尔兹换并步的基本舞步如图 5-1-70 所示。

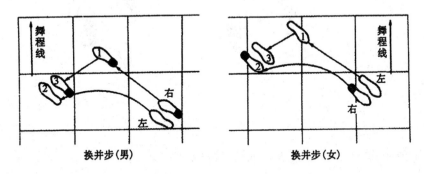

换并步（男）　　　　　　　换并步（女）

图 5-1-70　华尔兹换并步

①男伴右足前进；女伴左足后退。

②男伴左足前进横步；女伴右足后退横步。

③男伴右足并步；女伴左足并步。

（3）侧行追步：侧行追步共有 4 步，由开式舞姿开始，节奏为 1、2、&、3。

①男伴右脚前进并交叉于反身动作位置，着地时先脚跟后脚掌；女伴左脚前进并交叉于反身动作位置，先脚跟后脚掌着地，左转。

②男伴左脚横步，着地时用脚掌；女伴右脚横步，脚掌着地，1~2 转 1/8 周。

③男伴左脚并于右脚，着地时用脚掌；女伴左脚并于右脚，脚掌着地，2~3 转 1/8 周。

④男伴右脚横步稍后，着地时先脚掌后脚跟；女伴右脚横步稍后，先脚掌后脚跟着地。

（4）蹒跚步：①男伴左脚前进左转；女伴右脚后退开始左转。

②男伴右脚横步 1~2 转 1/4 周，脚掌着地；女伴左脚横步 1~2 转 1/4 周，脚掌着地。

③男伴左脚并与右脚不置重量 2~3 转 1/8 周（掌跟重心在右脚）；女伴右脚并与左脚不置重量 2~3 转 1/8 周（掌跟重心在左脚）。

2. 伦巴基本舞步健身

（1）扇形步：该舞步动作共 1 小节 3 步，如图 5-1-71 所示。

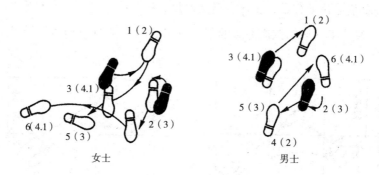

图 5-1-71　扇形步

①男伴右脚后退；女伴左脚前进，准备向左转。

②男伴重心前移至左脚，右手带领女伴左转；女伴上右脚准备左转，右脚后退。

③男伴右脚与女伴分离，左手握女伴右手；女伴左脚后退；男伴重心移至右脚，摆右胯；女伴重心移至左脚，右胯摆转。

（2）曲棍步：该舞步动作共 2 小节 6 步，如图 5-1-72 所示。

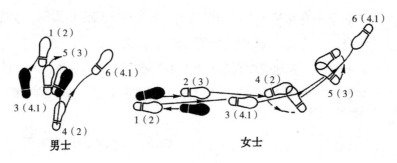

图 5-1-72　曲棍步

①男伴左脚前进；女伴右脚收并左脚，拧胯，重心移至右脚收腹上提，两脚相夹。

②男伴重心后移至后脚，收腹上展；女伴左脚前进，手臂打开。

③男伴左脚并右脚，左手拇指向下锁住女伴；女伴右脚前进，手臂前上。

（3）螺旋步：伦巴螺旋步舞步动作如图 5-1-73 所示。

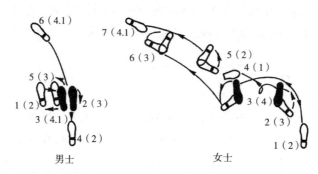

图 5-1-73 伦巴螺旋步舞步动作

①男伴（团式舞姿开始）左脚踏步，左转 1/8；女伴右脚后退，右转 3/8 周。

②男伴重心移向右脚；女伴重心移至左脚注意借助男伴手腕的力。

③男伴开右脚，然后将重心移向左脚，节奏 4.1，男伴引导女伴旋转；女伴右脚交叉踏在左脚前，以右脚掌为轴左拧转，与男伴相对后再左拧转，从 3 到 4.1 共转 360º 后右脚交叉左脚前。

（4）阿莱曼娜舞步：阿莱曼娜舞步动作如图 5-1-74 所示。

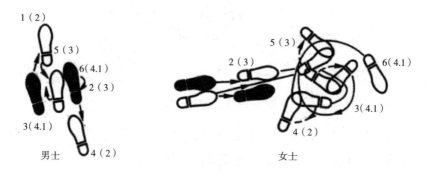

图 5-1-74 阿莱曼娜舞步动作

①男伴从扇位开始，左脚前进半重心；女伴右脚掌向左脚并步，脚跟踏下拧胯。

②男伴重心后移右脚，退步要小些；女伴左脚前进，展示腿形的美。

③男伴左脚并右脚，手过头呈 30º 角；女伴右脚前进靠近男伴，不要超男伴领带线，在 1 的后半拍（＆）时略向右转。

④男伴右脚后退，步子要小些；女伴以右脚为轴，向男左臂下转 1/4 周左脚在前。

⑤男伴重心移至左脚；女伴左脚为轴，继续右转 1/4 周，右脚前进。

⑥男伴右脚并左脚，重心转换清晰；女伴左脚前进，右转 1/4 周呈闭式。

四、球类健身

球类运动内容丰富，种类多样。在学校体育教学中，球类运动是学生参与人数较多的体育运动类别。这里重点介绍学生参与较多的乒乓球与学校近年来重点开展的足球项目的基本技术动作内容与方法，以供学生参考进行健身训练。

（一）乒乓球健身

1. 握拍技术健身练习

（1）直拍握法。

①直拍快攻握拍法：包括大嵌式握法、中嵌式握法（图 1-5-75）和小嵌式握法三种。

图 5-1-75　直拍快攻握拍法

②直拍横打握拍法：拇指斜压拍面，食指伸直；其他三指自然伸展开，中指和无名指指尖抵住板面，拍柄左侧紧贴虎口（图 1-5-76）。

图 5-1-76　直拍横打握拍法

③直拍削球型握拍法：大拇指和其余四指分别握拍的两面（图 5-1-77）。

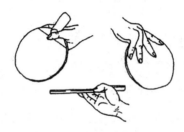

图 5-1-77　直拍削球型握拍法

④直拍弧圈握拍法：也称"八"字式握法，手法如图 5-1-78 所示。

图 5-1-78　直拍弧圈握拍法

（2）横握法。

①深握法：虎口紧贴球拍，拍形稳定（图 5-1-79）。

图 5-1-79　深握法

②浅握法：虎口轻微贴拍，手腕灵活（图 5-1-80）。

图 5-1-80　浅握法

2. 发球技术健身练习

以正手发球为例，常见发球技术动作如下。

（1）发平击球。以左脚在前的近台站位为例，左手抛球，右臂稍后引拍；由右后向前挥拍，拍形前倾，击球中上部。

（2）发急球。以左脚在前的近台站位为例，左手抛球，球降至约与球网高度相同时，拇指压拍，使拍面略左斜，摩擦球的右侧中上部。

（3）发转与不转球。以右手持拍、站位靠近左半台为例，抛球同时执拍手向后上方引拍。拍面后仰，向前或向下挥拍。

3. 接发球技术健身练习

乒乓球常见接发球技术主要有以下 5 种。

（1）接上旋（奔球）球时，用正反手攻球或推挡回接。

（2）接下旋长球时，可用搓球、削球、提拉球回接，注意多向前用力。

（3）接转与不转球时，可轻轻地托一板或撇一板，注意弧线和落点。

（4）接侧上、下旋球时，可用攻球和推挡（搓球或拉球）回接。

（5）接近网短球时，用快搓、快点或台内突击回接，注意手腕和前臂发力。

4. 推挡球技术健身练习

（1）快推。两膝微屈，收腹含胸，前臂外旋，拍面稍前倾，看准来球，在来球的上升前期，以稍微前倾的拍形推击球的中上部（图 5-1-81）。

1   2   3   4

图 5-1-81 快推

（2）推挤。看准来球，在来球触台后弹起的上升期，触球的左侧中上部，沿球体向左下方用力，以摩擦为主。

（3）快挡。

①正手快挡：当球从台面弹起时，前臂快速向前迎球，手腕略外展，拍稍微竖起，让拍面对着对方左角或右角，触球的中上部。

②反手快挡：击球时，拍稍后移，拍形稍前倾，让拍面对着对方左角或右角，触球中上部。

（4）加力推。两膝微屈，收腹含胸，身体向前或略向左转；拍面稍前倾，挥拍迎球，拍形前倾，推击球的中上部（图5-1-82）。

图 5-1-82　加力推

（5）减力挡

两膝微屈，收腹含胸，拍面稍前倾，前臂和手腕向前挥拍迎球，在来球的上升期，以前倾拍形推击来球的中上部。

5. 攻球技术健身练习

攻球技术动作内容丰富，以正手为例，简单介绍以下常用技术动作方法。

（1）正手快攻

前臂和手腕向前上方挥动，配合内旋转腕，拍形前倾，在上升期击球中上部（图5-1-83）。

图 5-1-83　正手快攻

（2）正手快带

拍面前倾，固定手腕，球拍高于击球点，击球动作要小，腰髋带动上体左转，在球的上升期击球的中上部。

（3）正手扣杀

以横板为例，上臂发力，左前方挥拍，前倾拍形，在来球的高点期击球的中上部（图5-1-84）。

1　　　　2　　　　3　　　　4

图5-1-84　正手扣杀

6. 搓球技术健身练习

（1）快搓。手臂外旋使拍面角度稍后仰，上臂前送，配合手腕发力，触球的中下部。

（2）慢搓。右上方引拍，前臂带动手腕向左前下方用力，在球下降后期击球的中下部。

7. 削球技术健身练习

以正手为例，常见削球技术动作方法如下。

（1）正手近削。向上引拍，拍形近似垂直或稍后仰，在来球的上升后期或高点期触球的中下部。

（2）正手远削。球拍上举，身体左转，上臂带动前臂向左前下方用力，拍面后仰，触球中下部。

（3）正手削追身球。前臂稍外旋向右上方引拍，拍面竖立，在下降前期击球的中部或者中下部（图5-1-85）

图 5-1-85　正手削追身球

（二）足球健身

1. 踢球技术健身练习

（1）脚背正面踢球。踢定位球时，直线助跑，支撑脚尖指向出球方向，踢球脚背绷直，用脚的鞋带部位击球的后下部（图 5-1-86）。

图 5-1-86　脚背正面踢球（一）

踢反弹球时，支持脚在球侧方，踢球腿的小腿急速前摆，在球刚刚反弹离地时，以脚背正面击球后中部（图 5-1-87）。

图 5-1-87　脚背正面踢球（二）

（2）脚内侧踢球。踢定位球时，踢球腿以髋关节为轴由后向前摆动，脚踝外展，脚尖稍翘，以脚内侧部位对准来球（图 5-1-88）。

图 5-1-88　脚背正面踢球（三）

削踢定位球时，摆腿的方向不通过球心，击球的后中部，踝关节内转，使球侧旋沿弧线运行（图 5-1-89）。

图 5-1-89　脚背正面踢球（四）

2. 运球技术健身练习

（1）脚背正面运球：与正常跑动时的姿势一样，稍微向前倾斜上体，但步幅不要太大。

（2）脚背内侧运球：身体稍侧转并保持自然放松，上体稍前倾，步幅小，运球腿提起并外展，向前进方向推拨球。

（3）拉球：运球脚的前脚掌放在球的上部或侧上部，支撑脚放在球的侧后方，运球脚触球的同时向后下方用力将球拉回。

（4）运球过人：逼近防守者，用远离防守者的脚控制球，过人时重心要低，通过假动作使对方失去重心，运用拨、拉、扣、挑等技术带球越过对手（图 5-1-90）。

图 5-1-90　运球过人

3.传接球技术健身练习

（1）传球技术。

传球应尽量快速、简练；后场尽量少做横回传，传球前要注意观察周围情况，正确预见同伴及对手意图，同时隐蔽自己的传球意图。

（2）接球技术。

①脚内侧接球。

接地滚球时，上体稍前倾，接球脚提起（约一球高），大腿外旋，屈膝，脚触瞬间，快放大腿，用脚内侧作为切面与来球前缘相切，切后随即微上提。

接反弹球时，接球脚提起，膝外转，脚内侧对准球的反弹方向。触球瞬间稍下压，以缓冲球的反弹力量（图 5-1-91）。

图 5-1-91　脚内侧接球（一）

接空中球时，结合临场情况选择接球点，接球腿抬起，脚内侧对准来球并前迎，触球瞬间脚向后下方撤（图 5-1-92）。

图 5-1-92　脚内侧接球（二）

②脚背外侧接地滚球。

接球腿提起、屈膝、脚内翻、小腿与脚背外侧与地面呈一锐角，触球瞬间稍后撤，将球接至所需位置（图 5-1-93）。

图 5-1-93　脚背外侧接地滚球

③大腿接抛物线来球。

移动到位，接球腿的大腿抬起，腿触球瞬间下撤，将球接至所需位置（图 5-1-94）。

图 5-1-94　大腿接抛物线来球

④胸部接球。

有挺胸式接球（图 5-1-95）和收胸式接球（图 5-1-96）两种方法，根据来球情况确定使用最佳接球方法。

图 5-1-95　挺胸式接球

图 5-1-96　收胸式接球

4.射门技术健身练习

足球射门要做到起脚命中，准确是射门的前提和关键。在准确的基础上，射门要突然，角度正确、射门有力，使对方守门员猝不及防，射门未成功，抓住机会立即补射。

5.守门员技术健身练习

（1）接地面球。

跪撑接球时，一腿弯曲，一腿跪撑，两腿之间距离不超过球的直径，两手掌心向上，前迎触球后将球抱于怀中（图 5-1-97）。

图 5-1-97　跪撑接地面球

直腿接球时，直膝、弯腰，两腿之间距离不得超过球的直径，两手掌心向上，前迎触球后将球抱于怀中（图 5-1-98）。

图 5-1-98　直腿接地面球

（2）托球。

看准来球，以近球侧手臂伸出迎球。触球刹那，手腕后仰，用掌根部顶推发力，将球向侧或上托出（图 5-1-99）。

图 5-1-99　托球

（3）拳击球。

及时移动，握紧拳，迅速出拳击球。拳击球有单、双拳击球，单拳击球动作灵活，摆动幅度大，击球力量大（图 5-1-100）。双拳击球接触球面积大，准确性高。

图 5-1-100

（4）扑球。

针对侧面来球，异侧脚用力蹬地，双手快速向侧伸出，一手置于球后，另一侧手置于球的侧后上方，身体向同侧脚方向倒地，团身抱球（图 5-1-101）。

图 5-1-101 扑球（侧面来球）

针对平空球，空中展体，伸臂用力抓球，接球后以球、肘、肩、上体、臀、腿外侧依次着地并迅速团身（图 5-1-102）。

图 5-1-102　扑球（平空球）

第二节　全民健身的社区健身路径

一、社区体育的功能

城市社区体育是指以生活在社区内全体社区成员作为主体，以社区的自然环境及所有体育设施作为物质基础，以增进社区成员的身心健康，满足社区成员的体育需求，同时以发展和巩固社区成员之间的社区感情为主要目的，遵循就近就便的原则而开展的区域性群众体育活动。社区体育具有重要的功能，对全民健身的开展和推进有着重要意义。

（一）整合社会

当前，社区体育已经逐渐成为新的社会调控体系，社区中包含了很多要素，并且这些要素也都发挥着非常重要的社会整合功能。在日常休息中，人们常常会参加各种社区体育活动，社区体育在使社区居民的体育需求得到满足的同时，也能够丰富社区居民的业余文化生活，提高社区居民的身体和心理健康水平，并在对社会进行规范方面发挥重要的作用。通过社区体育，可以进一步对社区进行整合，提高和增强社区的凝聚力。

（二）愉悦居民身心

随着人们物质生活水平的不断提升，人们已经不再满足于吃得好、穿得好，他们更加追求生活的质量与层次，越来越重视精神文化生活。在这种情况下，社区体育愉悦身心的功能就得到了极大程度的发挥。所谓社区体育愉悦身心的功能，就是社区全体居民借助于社区中的自然环境和现有的体育场地设施，开展以体育活动为主的娱乐活动，并通过参与体育活动来陶冶情操、强健体格，促进身心健康发展。

（三）服务体育需求

社区体育的体育需求服务功能是指通过社区体育的基础性设施能够满足社区居民基本的日常体育需求。社区体育服务内容的确定首先要根据社区的具体实际，以社区所处地区的经济与社会发展情况以及社区体育作为基础，因地、因时制宜，可以先从群众健身领域中的急需项目做起。此外，在社区体育不断发展的过程中，要对其中新的经验进行认真总结，以便使社区体育的服务内容更加充实和完备，从而使社区体育更加趋于完善。

（四）沟通人际关系

当前社会各社区的人员构成较为复杂，并且社区居民在生活习惯、行为方式以及价值观念等方面存在着很大的差异，很难有良好的机会进行交流，这就使得居民之间正常的人际关系出现了问题。社区体育工作通过借助体育这一媒介，在共同参与的过程中使社区内各群体和个人的作用得到充分发挥，合理地整合和改造社区居民的行为方式和价值观念，使社区中存在的各种矛盾和各种利益关系得到缓解和调整，从而使社区内的各种关系变得更加融洽。在参与社区体育活动的过程中，逐步确立群体的行为准则，进而将社区成员的行为纳入一定的行为模式中。社区体育工作不仅可以沟通个人关系，同样也可以沟通社区中各种组织和单位的关系。通过社区体育联系到一起的各种组织，在参与体育活动过程中相互了解并相互合作，可以为社区体育和整个社区以后的发展奠定良好的社会基础。

（五）改善社区生活

作为一项有益的休闲活动，社区体育活动具有很强的吸引力，它能够吸引社区居民在空闲时间参与其中，这在一定程度上使社区居民的业余文化生活得到了丰富，并使社区居民在一定程度上避免了不健康生活方式的侵蚀，能够积极地改善社区居民的生活方式。社区居民生活质量的改善和提高依赖于健康、科学、文明的生活方式，同时也能更好地维护社区秩序稳定。

（六）凝聚居民意识

社区体育的凝聚功能主要体现在社区居民心理要素的培养方面，即培养社区居民的社区意识，促使社区居民积极主动地参与社区活动。为了使社区体育更好地发挥凝聚功能，要使所有社区成员都能认识到社区体育是社区成员相互依存的重要内容。社区体育的目的是要使社区成员的体育需求得到更好的满足。社区各成员既有享受社区体育发展成果的权利，同时也要承担与社区体育发展相关的义务。

二、市民群体的健身特点

（一）生活方式特点

快节奏是当代城市生活的一个鲜明的写照，社会的进步给人类带来便捷的同时也改变了人类的生活方式。

首先，当前社会竞争激烈，人们面临着家庭、就业、人际交往等多方面的压力。由此产生的各种心理健康问题不断出现，直接和间接地对自身的健康造成了危害。

其次，科技发展带来了巨大的社会变革，人类社会进入自动化阶段，自动化生产加工逐步解放人力，很多代步工具的出现、网上订餐的流行等，使城市居民的生活越来越便利，由此而导致的缺乏锻炼成为影响身体健康的一个重要因素。

再次，城市居民的经济生活水平与农村相比，普遍较高。高热量的食物摄入、不规律地加班或娱乐等夜生活，导致营养过剩、身体素质下降，冠心病、高血压、糖尿病等各种"文明病"多发。

最后，现代城市的快速发展，导致城市居民的生活环境有恶化的趋势。工业化带来的空气和水质污染、植被减少等，在影响自然环境的同时，也影响人们的生活环境，不健康和不适宜居住的环境产生了雾霾、汽车尾气等，严重侵害了人们健康。

（二）健身观念特点

城市居民普遍具有较强的健身观念。

近年来，随着我国社会经济的不断发展，人们的闲余时间日益增多，人们的生活意识也发生了很大的转变，休闲成为城市居民日常生活的重要组成部分。

新时期，我国大力推动"全民健身计划"，致力于通过全民健身推动体育强国的建设，体育宣传在城市居民中的影响要远远大于农村居民，体育健身观念深入人心。

在"全民健身"工程的建设过程中，我国在全国基层社区兴建了大量的健身设施，为社区居民创造了丰富的健身路径。城市体育场地设施建设与城市广场、公园、绿地建设紧密结合，为城市居民参与体育健身创造了良好的体育物质基础条件。目前，公共体育场所、公园或广场、单位体育场地是我国城市居民参与体育活动锻炼的主要活动场所。此外，不同类型的社区都拥有各具特色的健身路径和健身场地。

三、社区健身器械及方法要点

（一）上肢牵引器健身

1. 器械基本构造

上肢牵引器为方便社区居民站立时进行上肢肌肉牵拉所设计，主要由立杆、挑杆、滑轮和牵引绳索等部件构成，绳索的两端装有手柄（图5-2-1）。

图 5-2-1　上肢牵引器

2. 器械健身功能

上肢牵引器男女老少皆可使用，该健身器械主要是通过健身者的自身力量对抗，提高肩的活动能力，有效锻炼肩部、手臂、手腕肌肉，增强肩、手肘、手腕关节的灵活性与韧带柔韧性。

3. 器械健身方法

通过滑轮可供练习者自由牵拉，具体健身方法如下。

（1）健身者背对器械双脚开立，双手分别握住两个手柄。

（2）健身者左、右手交替向下牵拉绳索，通过手臂的上下交替屈伸运动，锻炼肩关节及相关部位的肌肉力量。

（3）肩周炎患者健身时，站在牵引器正下方，双臂向上伸直，两手抓握左右手柄，健肢用力向下做牵引动作，利用滑轮迫使患肢缓缓抬起。

4. 器械健身要点

（1）每组1～2分钟，做2～3组，组间间隔时间为30～60秒。

（2）健身者可根据自身的具体实际合理安排运动负荷。

（3）健身时，健身者重心居中，两臂同时对抗性均衡用力。

（二）臂力训练器健身

1. 器械基本构造

臂力训练器由用拱形横梁链接的两根立柱、转轮等组成，供社区居民站立时进行健身练习，健身部件是对称的两个转轮，分列器械两边，用同一转轴相连（图5-2-2）。

图 5-2-2　臂力训练器

2. 器械健身功能

臂力训练器是一种需要两个人配合使用的健身器械，两名健身者分别站在臂力训练器的两端，通过双方相同或相反地转动转轮来使手臂肌肉得到充分的锻炼，并提高手臂的活动范围。

3. 器械健身方法

（1）两两一组配合完成健身动作，健身者一人一边，站在臂力健身训练器两侧，健身者双手握住转轮的边缘，双脚开立与肩同宽。

（2）两人同时向左对抗用力，再同时向右对抗用力转动转轮，往返4～6次。

（3）两名健身者同时向左、向右来回转动转轮。左右转动相结合，使健身者双臂的肌肉得到均衡锻炼和发展。

4. 器械健身要点

（1）健身负荷与时间因人而异，一般的，可以往返转动10～15次，共做2～3组。组间间隔时间为20～30秒。

（2）两人健身时，彼此用力配合协调一致。对抗用力时，一方不可突然停止用力或撤离。

（3）一人利用臂力训练器进行健身，应酌情控制转动速度与幅度，尽量使手臂得到充足的锻炼但是又不要超过肢体活动能力范围。

（三）太极揉推器健身

1. 器械基本构造

太极揉推器的基本构造包括支架和转盘。转盘以斜向约60°角成对安装，以配合推手动作的完成（图5-2-3）。

图5-2-3　太极揉推器

2.器械健身功能

太极揉推器是以太极拳的推手动作作为基本的健身方式设计而成的社区健身器材，借助太极揉推器，可以使太极运动爱好者进行太极推手的动作练习，对于健身者的上肢灵活性与柔韧性有良好的锻炼作用，同时还有助于提高上肢肌肉的耐力素质。

3.器械健身方法与要点

（1）太极推手。

①健身准备：健身者面向器械双脚开立，屈膝下蹲、腰背自然放松。双手按压住转盘盘面，双臂微屈。

②健身方法：腰臂用力，按顺时针方向转动转盘，重心随手的方向及时移动，然后向逆时针方向转动转盘。

③健身负荷：每个方向连续转动10～15次为1组，做2～3组。组间间隔时间为15～30秒。

④健身要点：结合健身者身体科学负荷；健身过程中，应做到身随手动，重心随手适时地转换。

（2）太极双盘推手。

①健身准备：健身者面向转盘，双脚左右开立，稍宽于肩，双腿微屈，双手分别按压住转盘盘面，双臂微屈。

②健身方法：两手同时向内或向外转动转盘。

③健身负荷：每组15～20次，2～3组，组间间隔时间为15～20秒。

④健身要点：合理安排运动负荷；健身时，手臂协调发力，避免突然的偏向用力，以免因身体重心不稳而导致扭伤。

（四）健骑机健身

1.器械基本构造

健骑机，又称"骑马器""健美骑士"，是一种社区常见健身器材，在使用过程中健身者在器械上下起伏，犹如健儿跨骑骏马而得名。健骑机主要由底座、座鞍、脚蹬及把手等部件组成（图5-2-4）。

图 5-2-4　健骑机

2. 器械健身功能

健骑机是一种有效的锻炼健身者下肢力量的社区健身器材，健身过程中，通过手脚的相互配合，主要由腿部发力完成健身动作，可以有效锻炼健身者的腿部力量，也有助于健身者肢体协调性的改善。

3. 器械健身方法与要点

（1）健身准备：侧立于器械旁，双手正握把手，双脚分别蹬脚蹬，坐直，挺胸、立腰。

（2）健身方法：健身时，双腿向下用力蹬伸，同时双臂用力将把手拉至腹前，直至双腿蹬直、身体展直，放松腿、臂，利用身体自重，使健骑机回到初始位置。反复练习。

（3）健身要点：握紧把手，上下肢协调用力，等身体充分伸展。

（五）漫步机健身

1. 器械基本构造

漫步机，又称"太空漫步机"。漫步机主要由底座、斜型支撑、把杆、悬臂及踏板等部件组成（图 5-2-5）。在健身器材的固定方面，漫步机的底座与地面固定，根据各社区的健身空间大小多见有单人机、双人机、多人机。此外，根据健身者不同的锻炼形式，漫步机又分为锻炼下肢的漫步机和锻炼上下肢的漫步机。

图 5-2-5　双人漫步机

2. 器械健身功能

漫步机主要是进行下肢锻炼，通过不同速度与幅度的下肢健身练习方法，可以有针对性地提高下肢的速度素质（位移速度、反应速度），能实现对腿部肌肉的拉伸，可以塑造腿部肌肉和腿部线条。

3. 器械健身方法与要点

（1）健身准备：健身者双手握住横杠，双脚分别踩在踏板上，人体保持自然站立姿势。

（2）健身方法：健身过程中，两腿伸直，左、右腿同时向前、后相反方向用力分腿迈步，迈开至一定角度（约 60°）时，顺重力作用自然下行，至垂直线时转换为右腿前迈，左腿向后运动，两腿以自然协调的姿态交替迈步。

（3）健身要点：握紧把手，以髋关节为轴心、顺重力作用运动，使两腿以自然协调的姿态交替迈步。

（六）压腿器健身

1. 器械基本构造

压腿器的构造比较简单，主要由立柱和压腿横杠组成。压腿器包括不同高度的横杠，以适应不同身高、不同柔韧素质的人群进行健身（图 5-2-6）。

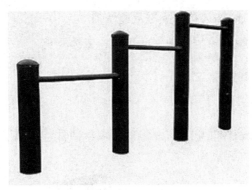

图 5-2-6　压腿器

2. 器械健身功能

压腿器主要是帮助健身者进行腿部的柔韧性练习，也有部分健身者利用压腿器"解锁"健身新姿势，如利用压腿器进行引体向上（身高较低的小学生）、腹部绕杠练习（中青年），练习身体其他部位的各项素质。

3. 器械健身方法与要点

（1）前压腿。

①健身准备：右肩侧对单杠，稍右转站立，左腿放在把杆上，右手扶把，左臂上举。

②健身方法：上体前屈下压，以腹、胸、下颚依次贴近左腿，用左手摸左脚，充分拉伸前腿，然后上体立直还原。柔韧素质较差的健身者左手扶在膝关节上方即可，4 拍完成一次前压腿动作，连续完成 4～8 个 8 拍。换腿反复练习。

③健身要点：压腿时，直膝、直腿，压腿动作尽量放慢。

（2）侧压腿。

①健身准备：面向单杠站立，左腿伸直放在把杆上，左手扶把，右臂上举。

②健身方法：上体向左侧屈下压，左肩靠近膝盖，右手尽量触及左脚，充分拉伸侧腿，然后上体立直还原。4 拍一次压腿，连续完成 4×8 拍。换腿反复练习。

③健身要点：压腿时，上体尽量向屈伸靠近腿部，放慢压腿动作。

（3）后压腿。

①健身准备：左肩侧对单杠，身体稍向右转站立，右腿放在把杆上，左手扶把，右臂叉腰或上举。

②健身方法：左腿屈膝下蹲，用力拉伸腿部后腿，直膝还原，4 拍完成一次

侧压腿动作，连续完成 4×8 拍。换腿反复练习。

③健身要点：支撑腿有控制地屈膝下蹲，上体立直。

（七）仰卧起坐器健身

1. 器械基本构造

仰卧起坐器械的结构简单，主要包括支架、挡管、腹肌架（图 5-2-7）。

图 5-2-7　仰卧起坐器

2. 器械健身功能

仰卧起坐器的主要功能是供人们进行仰卧起坐锻炼，但也可以进行一些腰腹肌肉力量的练习。可以有效锻炼背部、腰腹部的力量，紧实躯干部位肌肉。

3. 器械健身方法与要点

（1）仰卧起坐。

①健身准备：坐于器械上，双脚勾住挡管，双手头后扶握，仰卧。

②健身方法：腰腹发力，上体抬起呈坐立姿势，然后还原。

③健身负荷：每组 10~15 个，练习 2~3 组。

④健身要点：双手扶住头后部，腰腹发力，上体有控制地抬起和躺下，结合自身实际确定健身负荷。

（2）仰卧起坐转体。

①健身准备：坐于器械上，双脚勾住挡管，双手头后扶握，仰卧。

②健身方法：上体抬起时，向右（左）侧转体，还原。

③健身负荷：每组 10~15 个，练习 2~3 组。

④健身要点：双手扶住头后部，腰腹发力，控制上体缓慢移动，腰和肩带动上体转动，根据自身实际情况合理安排运动负荷。

（八）转腰器健身

1. 器械基本构造

转腰器主要由底座、底盘、转盘、立柱和把手组成（图5-2-8），底座安装于地面，转盘可活动自如。

图 5-2-8　转腰器

2. 器械健身功能

转腰器的转盘部分是活动的，健身者站在上面可以通过腰部用力带动身体进行扭转，脚下不发生位移，双手或单手可扶握把手或立柱以维持身体平衡。腰腹的转动能有效消除腰部赘肉，提高腰部灵活性，防止腰部劳损和慢性病的发生。

3. 器械健身方法与要点

（1）健身准备：双手扶握把手，两脚自然地站在转盘上。

（2）健身方法：健身过程中，上体保持不动，髋部和腰部用力，使身体向左、向右来回转动。

（3）健身负荷：每组2～3分钟，2～3组。

（4）健身要点：健身过程中，整个躯干，尤其是双肩和上体尽量保持不动，髋和腰发力带动身体转动，速度均匀、缓慢，切忌突然发力，以免造成重心不稳摔倒或者腰部扭伤，健身负荷结合个人情况确定。

（九）单杠健身

1. 器械基本构造

单杠是社区最常见的健身器材之一，它主要由支架和把手组成（图 5-2-9）。

图 5-2-9　单杠

2. 器械健身功能

单杠虽然构造简单，但是拥有很多健身方法。丰富的健身方式与方法可以有效促进健身者结合自身健身需要进行臂撑、背弓、腹部绕杠等多样化的健身训练，可以促进身体各部位的各种运动素质的提高。

3. 器械健身方法与要点

（1）单杠悬垂。

①健身方法：直体悬垂，健身者跳起正握（反握）单杠，身体呈直体悬垂状态，控制几秒钟后，可做小幅摆动练习。

②健身要点：手紧握单杠，颈部放松，身体向下充分伸展。

（2）引体向上。

①健身准备：正握（反握）单杠，身体悬垂。

②健身方法：上肢用力上拉身体至下颌越过杠面，然后还原。

③健身要点：用力屈臂、向上引体，有控制地伸臂还原。

（3）收腹举腿。

①健身准备：跳起正握单杠，身体悬垂。

②健身方法：腹肌用力，双腿伸直并拢、缓慢抬起至水平位置，控制片刻，然后还原。

③健身要点：肩背和腰腹发力，抬腿时直膝、伸脚背。健身者结合自身情况进行拉伸，避免过度拉伸导致肌肉和韧带损伤。

（十）双杠健身

1. 器械基本构造

双杠在社区健身路径中也常见，与单杠不同的是，双杠由四个支架和两个把手组成（图 5-2-10）。

图 5-2-10　双杠

2. 器械健身功能

双杠作为社区常见健身器材有其健身方便易操作的特点，利用双杠可以进行摆动、摆跃、屈伸、弧形摆动、静止用力等多种形式的健身动作练习，对健身者而言是一种非常方便的健身器材。双杠运动动作内容丰富，类型全面，有简有繁，有易有难，能有效提高健身者的各项身体素质，对健身者的支撑能力、支撑超越障碍能力、空间感知定向能力、平衡能力等都有良好的改善作用。

3. 器械健身方法与要点

（1）杠上前行。

①健身准备：站在杠端的两杠之间，双手握杠，跳起呈杠上支撑。

②健身方法：左、右手交替向前支撑，带动身体前移。

③健身要点：直臂支撑，顶肩、重心稍左右移动，两手抓握前行。

（2）手臂屈伸。

①健身准备：站在两杠之间，双手握杠，跳起完成杠上支撑。

②健身方法：健身者在杠上做手臂的屈伸练习，完成屈臂、推撑动作。

③健身要点：前臂控制不动，上臂和肩背肌群用力，臂屈伸时身体绷紧。

第三节　全民健身的农村健身路径

一、农民群体的特点

（一）生活方式特点

农耕是农民生产生活的重要组成部分，是农民的基本生活方式。长期以来，这种农业生产方式主要依赖自然，受自然地理环境和气候环境的影响非常大。虽然现代社会农业生产技术和之前相比有了很大的进步，但是农业生产的"日出而作，日落而息"的劳作特点与播种收获的季节性特征仍十分明显。

农忙时节，农民群众用于健身的时间非常少，繁重的农业生产使其每天的劳动量都很大，没有时间也没有精力再进行健身活动。也正因为农业生产的需要，农民一般多有劳损（以腰肌劳损为主）、肩周炎、膝关节疼痛等病症，农闲时节，农民群众的闲余时间较多，他们的休闲娱乐方式多以打麻将、下象棋等益智类和静止类体育运动为主，一些年龄较长者和民族传统体育发展良好的地区的农民，还对养生导引类体育运动，如太极拳、五禽戏等非常热衷。

（二）健身观念特点

随着我国小康社会的建设，我国农村的经济发展水平有了显著的提高，农民的收入不断增加，而且有了更多的余暇时间。但健身路径与城市相比，很难满足农民的健身需求，也没有足够的体育健身指导员进行健身指导。

当前，农民的体育运动健身参与还是传统的体育运动项目，多为自发性的民族传统体育健身、益智类体育运动。和城市居民相比，农民专门安排时间进行健身的情况比较少，这说明农民的体育健身意识还需要进一步增强。

坚持体育运动和生产劳动与文化活动相结合，倡导和推广与农村地域特点相符、农民喜闻乐见的健身活动，是当前农村发展体育健身的工作重点。

二、农村健身活动的特点

农村健身活动有着非常显著的特点，具体表现在以下四个方面。

（一）活动内容多样性

我国农村分布的区域十分广袤。就单个地域而言，体育项目的拥有量低于现代体育，但从其整体来看，我国传统体育项目的数量更多。这说明农民健身从整体方面来说，具有丰富的可选择的活动内容。虽然有的项目仅在局部地区，或只在一部分人群中有所开展。但从农村的整体来看，活动内容的多样性特征明显。

农民健身多交融于自己的生活和社会角色。农村体育在其漫长的发展过程中，逐渐产生了与人的生理、心理、生存环境、文化传统相适应，又能满足不同层次人群需要的属性，从而使农民健身活动的总体呈现出多样性特征。

（二）活动形态模糊性

农村体育是一种具有多元功能的社会文化现象，其内涵和外延与"现代体育"的概念尚有诸多不相吻合之处。"现代体育"讲求目的、功能的明确性、专一性，直接服务于生产、生活的身体活动不属于体育的范畴；而农村体育虽然具有与现代体育共同的表现形式和健身功能，但作为一种特殊的社会现象，农村体育的生存环境、运动特征、文化寓意等又与现代体育类别大相径庭。农村体育发展自始至终均不是一种孤立存在的文化现象，它的形成依赖于各地域文化的广阔背景，它的生存和发展是诸多地域文化征象的综合再现。

因此，农民健身的一个重要特点，就是文体合一。如果把文艺色彩从农村体育中完全剔除，很多体育活动项目就不存在了。除此以外，不少农村体育项目还直接服务于人们的生产、工作和生活，它在人们的社会活动中的地位与作用是多方面的。时至今日，鉴于农村社会发展水平的整体滞后，诸多农村体育项目尚处在一种朦胧状态，与各种社会现象交织在一起，不同于现代体育具有的明确且稳定的形态。

（三）活动动作延伸性

农民健身所进行的许多体育活动，展示的不是人体的肢体动作，而着意于一种精神和技能，即通过对道具的巧妙使用传情达意，寄托愿望。因多借助器物，增加了动作的延伸性，扩大了农村体育活动的表现领域，创造了许多仅依靠人体动作而无法表现的特有传统体育项目形式。

因此，一些农村体育项目的延伸动作，就不仅是一种肢体运动，而是一种经过组织、美化、节律化的人体运动，是一种具有交互性、表演化、仪式化、意义化的社会运动。参与者在节奏鲜明的鼓乐伴奏下进行运动时，不仅能达到健身的目的，而且还能在自娱自乐的同时，又在某种程度上进入艺术表现的境界，以及获得群体交互的归属感和满足感，进而在身心两个方面都能得到调和与发展。

（四）活动地点地域性

农民健身的地域性特征，即指某一地区的农民因所处的区域环境以及由此引致的自然条件不同，使其形成了在当地文化背景之下而有别于其他地域的体育活动方式。如江南的竞渡、北国的冰嬉、草原的骑射等，都具有鲜明的地域特色，保留着在不同环境、不同地理条件下的生产和生活方式的烙印，并伴随着当地风俗演变沿袭至今。因此，农民健身所采用的活动的内容和形式，从某个侧面反映了其地域性。

农民健身活动的形式与内容，在很大程度上受其所处地域的影响，是由于各个地方文化背景以及所生活的地理环境、自然条件不同，而形成其各具特色的生产、生活方式。北方天高地阔，传统游牧生活的艰苦与生产力的低下，使人们极其依赖于宽阔的原野，在与大自然的严酷斗争中培养了勇武精神，多赛马、摔跤、角力、拖冰床等活动，因而赛力竞技较为突出；南方雨水充沛，气候温和，农业精耕细作，生产与生活的条件优于北方边地，形成人们细腻与机巧的倾向，因此，游泳、高跷、赛龙舟活动经久不衰。除了直接的地理因素差异，各地方族群的心理意识、风俗习惯、社会进程、文化发展等的差异，也促使农村体育开展的内容与水平具有更多的地域化特色。

三、武术与太极健身

（一）武术健身

1.武术基本功健身

（1）肩功。

①压肩：开步站立，面对肋木，两手分开抓握肋木，上体前俯，下振压肩（图5-3-1）。

图 5-3-1 肩功

②转肩：开立，以肩为轴，两手握木棍体前经头顶绕至背后（图 5-3-2）。

图 5-3-2 转肩

③臂绕环：弓步进行单臂绕环或站立进行双臂前后绕环、双臂交叉绕环，单臂或双臂在体侧绕环一周（图 5-5-3）。

图 5-3-3 臂绕环

（2）腿功

①压腿。

压腿可以分为正压腿、侧压腿和后压腿（图5-3-4）。

正压腿：正对肋木，一腿直立支撑，一腿抬起，体前屈向下振压腿。

侧压腿：侧对肋木，一腿直立支撑，一脚跟放在肋木上，体侧屈振压腿。

后压腿：背对肋木，一腿直立支撑，一脚背放在肋木上，体后屈振压腿。

图5-3-4　压腿的几种方式

②搬腿。

一腿直立支撑，一腿上举，直膝，包括正搬腿和侧搬腿两种形式（图5-3-5）。

图5-3-5　搬腿

③踢腿。

正踢腿：一手扶肋木，侧向肋木站立，一腿支撑，一腿勾脚尖、挺膝上踢（图5-3-6）

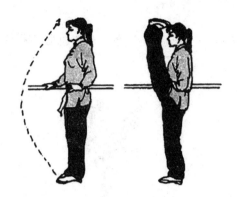

图 5-3-6　正踢腿

侧踢腿：双手扶肋木，一腿直立支撑，一腿侧面上踢（图 5-3-7）。

图 5-3-7　侧踢腿

后踢腿：双手扶肋木，一腿直立支撑，体前屈，另一腿绷脚尖、挺膝向后上踢起（图 5-3-8）。

图 5-3-8　后踢腿

④控腿。

前控腿：侧对肋木，一腿直立支撑，一腿直膝前提至一定高度，保持片刻（图 5-3-9）。

图 5-3-9　前控腿

侧控腿：侧对肋木，一腿直立支撑，一腿直膝侧提、外伸至一定高度，保持片刻（图 5-3-10）。

图 5-3-10　侧控腿

后控腿：侧对肋木，一腿直立支撑，一腿直膝向后上伸至一定高度，保持片刻（图 5-3-11）。

图 5-3-11　后控腿

⑤劈腿。

竖叉：两腿前后分开呈直线（图 5-3-12）。

图 5-3-12　竖叉

横叉：两腿左右分开成直线（图 5-3-13）

图 5-3-13　横叉

（3）腰功。

①俯腰。

前俯腰：并步直立，上体前俯，两手手指交叉，掌心贴地，胸部贴腿（图 5-3-14）。

图 5-3-14　前俯腰

侧俯腰：并步直立，上体侧下屈，两手手指交叉，掌心触地（图 5-3-15）。

图 5-3-15　侧俯腰

②甩腰。

开步直立，两臂直举。上体以腰、髋关节为轴做前后屈动作，两臂配合前后摆动（图 5-3-16）。

图 5-3-16　甩腰

③涮腰。

开立，上体前俯，两臂下垂随之向侧前方伸出，以髋关节为轴绕环一周（图 5-3-17）。

图 5-3-17　涮腰

④下腰。

开立，与肩同宽，两臂直举。抬头，挺胸，两手后撑，身体呈拱桥（图5-3-18）。

图 5-3-18　下腰

（4）桩功。

①马步桩。

马步站立，屈膝半蹲，脚尖朝前，大腿与地面水平，两臂平举，掌心向下，目视前方（图5-3-19）。

图 5-3-19　马步桩

②步桩。

屈膝半蹲，右脚外展45º，左脚尖虚点地，两手腰间抱拳（图5-3-20）。

图 5-3-20　步桩

③浑元桩。

升降桩：开立，屈膝、屈肘，两手胸前举，手心向下，配合呼吸做升降动作（图5-3-21）。

图 5-3-21　升降桩

开合桩：开立，屈膝，屈肘，两手胸前举，手指尖相对合抱，随呼吸做开合动作（图5-3-22）。

图 5-3-22　开合桩

2.武术基本技法健身

（1）手型。

武术的基本手型有四种，分别为拳、掌、勾、爪（图5-3-23）。

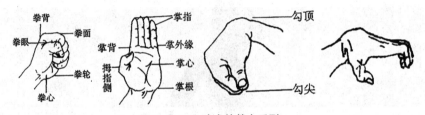

图 5-3-23　武术的基本手型

（2）手法。

①冲拳。

开立，腰间抱拳，拳心向上，右（左）拳向前猛冲，力达拳面（图5-3-24）。

图 5-3-24　冲拳

②架拳。

开立，腰间抱拳，右拳向下，右上经头上划弧架起（图5-3-25）。

图 5-3-25　架拳

③亮掌。

开立，腰间抱拳，拳变掌经体侧划弧至头部，抖腕亮掌（图5-3-26）。

图 5-3-26　亮掌

④推掌。

开立，腰间抱拳，拳变掌，臂内旋，以掌根为力点向前猛推（图 5-3-27）。

图 5-3-27　推掌

（3）步型。

①弓步。

前腿屈膝，小腿垂直地面，后腿向后直腿伸展，双手在腰间抱拳（图 5-3-28）。

图 5-3-28　弓步

②马步。

开立，屈膝半蹲，大腿接近水平，膝不过脚尖，全脚着地（图 5-3-29）。

图 5-3-29　马步

③虚步。

一腿屈膝支撑，另一腿稍屈膝前伸，绷脚面，双手在腰间抱拳（图 5-3-30）。

图 5-3-30 虚步

④仆步。

开立，一腿全蹲，另一腿挺直平仆（图 5-3-31）。

图 5-3-31 仆步

⑤歇步。

两脚交叉靠拢全蹲，臀部坐后腿的近脚跟处，前腿贴后腿屈膝（图 5-3-32）。

图 5-3-32 歇步

（4）步法。

①上步。

单脚或两脚轮流向前上一步。

②退步（倒步）。

单脚或两脚轮流向后退一步。

③跳步。

两只脚同时离地。

④垫步。

两只脚先后起跳，后脚落到前脚原位置。

⑤飞步。

两脚带腿同时向前向上用力猛跳。

⑥箭步。

一脚着地，另一只脚向前快速跳一大步。

⑦纵步。

一只脚先起，再抬另一只脚向前纵跳一大步。

（5）腿部动作。

①蹬腿。

一腿直立支撑，另一腿勾脚尖，以脚跟为力点向前上猛蹬（图5-3-33）。

图 5-3-33　蹬腿

②弹腿。

一腿直立支撑，另一腿屈膝提起至水平，小腿猛力向前弹出（图5-3-34）。

图 5-3-34　弹腿

③侧踹腿。

双手叉腰；右腿伸直支撑，左腿屈膝提起，左脚尖内扣，脚跟用力向左上方踹出，高与肩平（图 5-3-35）。

图 5-3-35　侧踹腿

④外摆腿。

右脚直立支撑，左脚尖勾紧，右上踢，外摆，直腿落在右脚旁（图 5-3-36）。

图 5-3-36　外摆腿

⑤里合腿

右腿直立支撑，左腿直膝经面前向右上里合，落右脚外侧（图5-3-37）。

图5-3-37　里合腿

⑥单拍脚。

并步站立，左腿支撑；左脚快速上踢，右拳变掌迎击右脚面（图5-3-38）。

图5-3-38　单拍脚

⑦后扫腿。

左弓步推掌，左腿屈膝全蹲成右仆步，再两掌撑地，以左脚掌为轴，右脚贴地后扫转一周（图5-3-39）。

图5-3-39　后扫腿

（6）平衡动作。

①前提膝平衡。

一腿直立支撑，另一腿体前屈膝高提近胸，小腿斜垂里扣，绷脚面（图5-3-40）。

图 5-3-40　前提膝平衡

②扣腿平衡。

一腿屈膝半蹲；另一腿屈膝外展，踝扣支撑腿腘窝处（图5-3-41）。

图 5-3-41　扣腿平衡

③燕式平衡。

一腿直立支撑，另一腿后举伸直，上体前俯，双臂侧平展（图5-3-42）。

图 5-3-42　燕式平衡

④望月平衡。

一腿直立支撑，另一腿身后伸直举腿，上体前倾拧腰，转头回视（图5-3-43）。

图 5-3-43　望月平衡

⑤仰身平衡。

一腿直立支撑，上体后仰接近水平；另一腿直上举，双臂侧平展（图5-3-44）。

图 5-3-44　仰身平衡

（二）太极健身

太极健身是我国传统健身养生功法中非常重要的一种，凝聚了东方养生哲学与价值观，具有鲜明的中国特色。太极健身注重的"内""外"兼修，长期坚持科学锻炼，可强筋骨、壮体魄、通经脉、调精神。太极健身养生功法多样，包括太极拳、太极扇、太极剑等，其中太极拳最为普遍。我国为在广大人民群众中推广太极拳整理汇编了二十四式简化太极拳，以规范化、简便化的太极拳术供大众习练。下面详细介绍二十四式简化太极拳。

1. 第一组动作

（1）起势。开步，臂平举，屈膝下蹲；垂肘，目平视（图5-3-45）。

图 5-3-45 起势动作

（2）左右野马分鬃。如图 5-3-46、图 5-3-47、图 5-3-48 所示，为左右野马分鬃的动作示意图。

①上体右转，左手划弧，两手抱球。

②左脚迈出，手随转体左上、右下错开。

③右脚蹬成左弓步；两手分开。

④上体后坐，翘左脚尖、外撇。

⑤左腿前弓，左转，左手翻下，左臂平屈，右手划弧，两手抱球；收右脚。

⑥上体右转，右腿迈出，两手随体转慢慢错开。

⑦右弓步；上体右转，两手慢慢分开，屈肘；落左手，目视右手。

重复④至⑦动作，唯左右相反。

图 5-3-46 左右野马分鬃动作示意图（一）

图 5-3-47 左右野马分鬃动作示意图（二）

图 5-3-48 左右野马分鬃动作示意图（三）

（3）白鹤亮翅。如图 5-3-49 所示，上体左转，右手划弧，两手相对，右脚上步，上体后坐；左脚前移，两手分开，目平视。

图 5-3-49 白鹤亮翅

2. 第二组动作

（1）左右搂膝拗步。左右搂膝拗步的示意图如图 5-3-50、图 5-3-51、图 5-3-52 所示。

①右手下落，左手划弧至右胸前；上体微左再右转；收左脚。

②上体左转，左脚前迈呈左弓步；右手屈再前推，左手下落。

③右腿屈膝，上体后坐，左腿前弓，左转体，收右脚；两手划弧，目视左手。

④与②解同，唯左右相反。

⑤与③解同，唯左右相反。

⑥与②解同。

图 5-3-50 左右搂膝拗步示意图（一）

图 5-3-51　左右搂膝拗步示意图（二）

图 5-3-52　左右搂膝拗步示意图（三）

（2）手挥琵琶。手挥琵琶的动作示意图如图 5-3-53 所示。

①右脚跟进，上体后坐，上体微右转。

②左脚前移呈左虚步，左手上挑，右手回收；两手立掌。

图 5-3-53　手挥琵琶

（3）左右倒卷肱。左右倒卷肱的动作示意图如图 5-3-54、图 5-3-55、图 5-3-56 所示。

①上体右转，右手翻掌划弧平举，左手翻掌向上。

②右臂屈肘，右手前推，左臂后撤；左腿退成右虚步。

③上体左转，左手划弧平举，右手翻掌；目随体转视。

④与②③解同，唯左右相反。

⑤与②③解同，唯左右相反。

⑥与②③解同。

⑦与②③解同。

⑧与②解同，唯左右相反。

图 5-3-54　左右倒卷肱动作示意图（一）

图 5-3-55　左右倒卷肱动作示意图（二）

图 5-3-56　左右倒卷肱动作示意图（三）

3. 第三组动作

（1）左揽雀尾。左揽雀尾的动作示意图如图 5-3-57、图 5-3-58、图 5-3-59 所示。

①上体左转，右手随转体划弧平举；右转体，两手抱球；收左脚。

②左转体，左脚左迈呈左弓步，左臂左出，落右手。

③左转体，两掌下捋，上体右转，左臂平屈。

④左转体，右臂屈肘，上体左转，左弓步。

⑤两手分开；屈右膝，左脚尖翘；收肘，推掌，左腿弓；目平视。

图 5-3-57　左揽雀尾动作示意图（一）

图 5-3-58　左揽雀尾动作示意图（二）

图 5-3-59　左揽雀尾动作示意图（三）

（2）右揽雀尾。上体后坐，右转体，扣左脚尖；右手划弧；左臂平屈，双手抱球；收右脚，视左手。此后，动作同"左揽雀尾"②～⑤解，唯左右相反（图 5-3-60、图 5-3-61、图 5-3-62）。

图 5-3-60　右揽雀尾动作示意图（一）

图 5-3-61　右揽雀尾动作示意图（二）

图 5-3-62　右揽雀尾动作示意图（三）

4.第四组动作

（1）单鞭。上体后坐，两手划弧，左脚并右脚；划弧变勾手，左弓步；左掌前推，目视左手（图 5-3-63）。

图 5-3-63　单鞭

（2）云手。云手的动作示意图如图 5-3-64、图 5-3-65、图 5-3-66 所示。

①身体右转，左脚尖里扣。

②右手划弧至左肩，右脚靠近左脚。

③左腿左跨步；目视左手。重复②③②动作。

图 5-3-64　云手动作示意图（一）

图 5-3-65　云手动作示意图（二）

图 5-3-66　云手动作示意图（三）

（3）单鞭。另一组单鞭的动作示意图如图 5-3-67 所示。

右手勾手；左手划弧，左脚左迈呈左弓步；左掌翻转前推。

图 5-3-67　另一组单鞭

5. 第五组动作

（1）高探马。高探马的动作为右脚跟进；两手上翻，右掌前推，左脚虚步（图5-3-68）。

图 5-3-68 高探马

（2）右蹬脚。右蹬脚的动作为左手前伸，两手分开向下划弧；左脚靠拢，脚尖点地，右脚蹬出；目视右手（图5-3-69）。

图 5-3-69 右蹬脚

（3）双峰贯耳。双峰贯耳的动作为右腿收，两手划弧，右弓步，两拳相对，目视右拳（图5-3-70）。

图 5-3-70 双峰贯耳

（4）转身左蹬脚。转身左蹬脚的动作为左腿屈，右脚尖里扣，两手划弧合抱于胸前，左腿屈膝，左脚蹬出；目视左手（图 5-3-71）。

图 5-3-71　转身左蹬脚

6. 第六组动作

（1）左下势独立。左腿平屈，右掌变勾手，左掌下落；右腿蹲，左仆步，左转起身；左掌前伸，右勾手变掌上挑，落左手（图 5-3-72、图 5-3-73）。

图 5-3-72　左下势独立（一）

图 5-3-73　左下势独立（二）

（2）右下势独立。右脚下落，左脚跟转；左手变勾手，右掌随体转划弧，目视左手。此后，动作同"左下势独立"，唯左右相反（图 5-3-74、图 5-3-75）。

图 5-3-74　右下势独立动作示意图（一）

图 5-3-75　右下势独立动作示意图（二）

7. 第七组动作

（1）左右穿梭。左右穿梭的动作示意图如图 5-3-76、图 5-3-77、图 5-3-78 所示。

①左腿落地，两手抱球；收右脚。

②右弓步；右手翻掌，左手前推。

③左脚前迈，两手抱球。

④同②解，唯左右相反。

图 5-3-76　左右穿梭动作示意图（一）

图 5-3-77　左右穿梭动作示意图（二）

图 5-3-78　左右穿梭动作示意图（三）

（2）海底针。右脚跟进，右脚举步，左脚虚点地；右手耳旁斜插，左手划弧落于左胯旁（图 5-3-79）。

图 5-3-79　海底针

（3）闪通臂。左脚回收，两手上提，左腿屈膝弓步；右手前举，左手前推，目视左手（图 5-3-80）。

图 5-3-80　闪通臂

8. 第八组动作

（1）转身搬拦捶。左脚尖里扣；右手划弧，左掌上举，右转体，左腿上步，左腿弓步，右拳前打，目视右拳（图 5-3-81、图 5-3-82）。

图 5-3-81　转身搬拦捶动作示意图（一）

图 5-3-82　转身搬拦捶动作示意图（二）

（2）如封似闭。左手前伸，两手翻转分开；左脚尖翘起；两手翻掌推出；左弓步（图 5-3-83）。

图 5-3-83　如封似闭

（3）十字手。十字手的动作示意图如图 5-3-84 所示。

①屈膝后坐，右转体；右手右摆划弧，两臂侧平举；右弓步。

②右脚尖里扣收回，两手划弧胸前十字手合抱。

图 5-3-84　十字手

（4）收势。两手外翻落臂；并步直立，落掌，目平视（图 5-3-85）。

图 5-3-85　收势

四、民俗节庆活动健身

我国历史悠久，民俗节庆较多，在诸多民俗节庆体育活动中，舞龙舞狮和赛龙舟最具中国特色。民俗节庆活动是我国广大人民群众喜闻乐见的体育活动，集文化、健身、娱乐、表演、休闲于一身，极大地丰富着百姓的生活。这里就最基本的舞龙舞狮和赛龙舟动作技法进行系统阐述，以便大家学、练、健身和提高欣赏水平。

（一）舞龙

中国舞龙活动历史悠久，发展到现在，舞龙运动技术讲究形（姿势）、技（配合）、法（方法）、情（神韵）。一般舞龙爱好者应掌握以下基本的龙身各部位的持握和常见舞龙动作技术与配合方法。

1. 舞龙基本方法

（1）舞龙珠。持龙珠者，即龙队指挥者，在鼓乐伴奏下，引导舞龙者完成龙的各种动作。

龙舞动时，持龙珠者应双眼随时注视龙珠，并环视整队及周边环境情况，与龙头保持 1 米左右的距离，协调配合。

（2）持龙头。持龙头者舞动龙头时，动作紧随龙珠移动，龙嘴与龙珠相距 1 米左右，协调配合，注意龙头摆动时不得碰擦龙身或舞龙者。

（3）舞龙身。舞龙身者随时与前后保持一定的距离。眼观四方，紧跟前者，走定位，注意与前后同伴的配合，以使龙身运动轨迹要圆滑、顺畅，切不可触地、脱节、打结。

（4）持龙尾。持龙尾者舞动龙尾时翻尾要轻巧生动，随时保持摆动，与龙身配合，注意控制龙尾左右舞动弧度的大小。

2. 舞龙基本动作

（1）"8"字舞龙动作。舞龙者将龙体在人体左右两侧交替做"8"字环绕，包括原地和行进间的"8"字舞龙，动作可以结合伴奏锣鼓的节奏做快慢变化。

做"8"字舞龙时，龙体的运动轨迹要顺畅、圆润，队员应保持默契，速度一致，动作协调、统一。

（2）游龙动作。舞龙者快速奔跑游走，通过龙体运动的高低、左右、快慢的起伏行进，充分展现龙的婉转、回旋、盘翻、屈伸等动态特征。

常见龙的游走方式有直线行进、起伏行进、走（跑）圆场、越障碍等。

（3）造型动作。优美的龙的造型动作不仅考验舞龙者的设计、审美，高难技术对舞龙者的技术与配合是严峻的考验，龙的造型应画面清晰，形象逼真，以形传神，以形传意。

（二）舞狮

舞狮在我国历史悠久，由于各地风俗习惯的不同，其在表演形式与艺术造型上形成了各自的地方特色与独特风格。按地域来说，可分为南方舞狮和北方舞狮两种。

舞狮是我国人民群众非常喜欢观赏的体育文化活动，有不少舞狮爱好者尝试亲身参与其中。就健身来讲，舞狮动作难度不大，不追求技术的高难与精湛。常见舞狮动作技术有如下 3 种。

1. 舞狮基本握法

（1）狮头的握法。

双阴手：双手握狮头，手背朝上，两手握狮舌两侧头角处。

双阳手：与双阴手位置相同、动作相反。

单阴手：单手握狮头，手背朝上，大拇指托狮舌，其余四指握在狮舌上方。

单阳手：与单阴手动作相似，手心朝上。

（2）狮尾的握法。

单手握法：舞狮者一手用大拇指插入舞狮头者的腰带，四指轻抓腰带，另一手可做摆尾等动作。

双手握法：舞狮者双手大拇指插入舞狮头者的腰带。

2. 舞狮基本步法

（1）上步和退步。上步时，两脚呈平行站立姿势，一脚向前进步，另一脚跟上，反之为退步。

（2）弓步。右腿大小腿弯曲，大腿水平，前弓后绷。

（3）侧步。脚平行站立，左（或右）脚向左（或右）侧进一大步，另一脚跟上。

（4）虚步。一腿屈膝支撑，另一腿前伸，以脚尖前点。

（5）跪步。左腿大、小腿弯曲约 90°，右膝关节和右脚趾着地，上体稍前倾，重心在右脚。

（6）扑步。左腿大小腿弯曲呈全蹲支撑，右腿向右侧直腿前伸，脚掌内扣。

（7）麒麟步。重心移至左脚，右脚经左腿前向左移步，左右腿交叉，两腿弯曲，重心居中。左、右动作相同，但方向相反。

3. 舞狮基本动作

（1）叩首。

舞狮头者将狮头置于头上，用小碎步快速向前跑动，在跑动过程中将狮头举起，并不停地左右摇头和眨眼。

舞狮尾者低头塌腰，双手搂住前者的腰部，用小碎步或左右摆尾跟行，二者配合做狮子叩拜动作。

（2）摇头摆尾。

舞狮头者不断地将狮头东摇西摆；舞狮尾者随着狮头的摆动协调地进行摆尾。

（3）翻滚。

舞狮者两人配合，舞狮尾者抓住前面舞狮头者腰的两侧，身体重心下降，屈腿半蹲，一脚用力蹬地，向一侧滚动，滚身时前者须将狮头举高。

（4）引狮员基本动作。

静态动作：引狮员静态亮相的动作，如弓步抱球、高虚步举球、弓步戏球等。

动态动作：引狮员在运动过程中完成的动作，如行步、翻腾、跳跃等。

（三）赛龙舟

赛龙舟，又称划龙船、龙船赛会等，是我国传统民族体育的代表项目，主要在端午节前后开展，是独具中国特色的民俗节庆体育文化活动。

赛龙舟不仅可以锻炼个人的上肢力量与身体协调性，还有助于提高运动者的集体意识和合作、竞争意识与能力。

1. 握桨技术

龙舟划手多采取坐姿，龙舟比赛有单排划手，但两排划手居多，划手左右对应而坐。

右排坐姿划手握桨：左手握桨把上端，掌心紧贴桨把，四指并拢弯曲握桨，拇指从内向外握；右手握桨下端（桨叶与桨把交界处），四指弯曲并拢从外向内握，拇指从内向外握。

左排坐姿划手握桨：同右排划手，只是左右手上下位置相反。

2.划桨技术

（1）划桨时，桨入水的角度以 80°～90° 为宜。

（2）划行时，身体前倾，上手前推，下手后拉，保持高肘。

（3）桨入水瞬间，上手臂下压桨至拉水完毕；抬桨时，上手臂放松，下手腕内扣，方便桨叶卸水。

3.集体配合

在龙舟行进过程中，要求所有划桨者握桨的技术动作一致、入水角度一致、入水深浅一致、用力协调一致，全体队员应服从指挥，听口号、哨声或鼓声一致用力。

五、民族特色体育项目健身

我国是一个多民族国家，很多民族特色体育项目在各民族中备受欢迎，是各族人民群众的重要体育健身活动内容。我国体育活动内容丰富、形式多样，这里重点介绍以下四种流传广泛、社会影响面广的体育项目健身内容与方法。

（一）放风筝

1.风筝概述

风筝是我国民族传统体育运动，在我国至今已有 2500 多年的历史，风筝文化作为东方文化的代表之一，在国际上享有盛誉，国外多以"飞唐""飞龙""唐龙"誉之。

2.放风筝技术

（1）风筝提线。

传统硬翅风筝一般有三根提线，根据风筝的体型大小，提线可相应地增加或者减少。在风筝提线的位置设计上，两根提线之间，上提线与水平夹角约为 10°。

（2）起飞技术。

①大型风筝的起飞。

需两人协作放飞，具体操作方法为，一人拿线，另一人迎风站立，来风之际，两人配合防守、提线，使风筝迎风飞起。

②中小型风筝的起飞。

小型风筝体积小，一人可操控放飞，一手拿风筝，一手持线，来风时，跑动、放线，使风筝飞起。

（3）上升和操纵。

①跑进中放风筝。

一手持线，一手持轮。侧身跑，如果风筝上升快，应放慢脚步；如果风筝上升慢，应增加跑速；如果风筝下跌，应及时松线、停跑。

②原地放风筝。

民间放风筝有很多小窍门，有经验总结成口诀为"风筝下沉，则轻提之。风筝倾侧，则徐带之。风筝右偏，则右掖之。风筝左偏，则左掖之。"

（二）押加

1. 押加概述

押加是藏族人民的一项重要的民族传统体育运动项目，主要在少数民族运动会、藏族重大节庆日，以及藏族的一些旅游景点中进行表演和比赛。

2. 押加基本技术

押加运动没有复杂的技术动作，根据对抗姿势分为以下两种。

（1）跪卧式押加。

模拟大象动作，双方背向而立，绳子打结套人脖子，经胸腹部从裆下穿过，两手、两膝、前脚掌着地，拉直赛绳，运动员利用颈部、肩部、腰部、腿部及手臂的力量向前用力爬拉，将标志物拉过河界者获胜。

（2）站立式押加。

双方面对或者背对而立，把绳环套在双方的腰部，双方用腰部和下肢的力量拉拖，将标志物拉过河界者获胜。

面对而立时，不可用手抓绳，背对时手的位置和下肢的动作不限。

（三）打布鲁

1. 打布鲁概述

"打布鲁"，为蒙古语音译，是"投掷布鲁"的意思，"布鲁"是蒙古人好猎时投掷猎物的工具。发展到现在，打布鲁已经成为一种重要的民族传统体育运动项目，在蒙古族的重要节日中是备受欢迎的健身娱乐活动。

2014 年 11 月 11 日，布鲁经国务院批准列入第四批国家级非物质文化遗产名录。

目前，打布鲁参与群众逐渐增多，并发展形成了单项运动会。2019 年 9 月，通辽市第 2 届科尔沁运动大会打布鲁比赛成功举办，进一步促进了打布鲁运动项目的全民关注与健身参与，更多的人开始尝试参与并喜欢上了打布鲁运动。

2. 打布鲁技术

（1）原地投掷。

以右手握布鲁为例。

站姿：左脚在前，右脚在后，前后一步距离。

转腰：后转体，向右下弯，右腿半屈，重心在右脚，身体左侧对投掷方向，右脚尖右转，左脚点地。

投掷：右手握布鲁下举接近地面，左手侧上举，左脚离地，两脚尖快速转体向投掷方向，右脚跟进，左脚后举，布鲁以 45° 角掷出。

（2）助跑投掷。

打布鲁的助跑投掷拥有两种方法，垫步步式、交叉步式。

以交叉步助跑为例，右手握布鲁后下局，助跑的最后几步，右脚落地，交叉步时，左脚前踏一步，身体右转后倾，左侧朝向投掷方向，屈左臂上举，左臂后摆，右脚在左脚前或后交叉一步，左脚再向前踏一步，急速转体，利用转体和转腰理论将布鲁从肩上投出。

（四）且里西

1. 且里西概述

"且里西"是新疆维吾尔族对"摔跤"的称呼，且里西是新疆人民喜闻乐见的一项民族传统体育活动。且里西活动多在维吾尔族传统节日古尔邦节、肉孜节时举行。婚礼、割礼、农闲和赶集时也常用于助兴。

2. 且里西技术

且里西手上动作较少，双方较量主要在脚上。

参与且里西活动，通常两人一组，两两对抗，双方用脚进行内勾、外勾腿，以及用自身力量向对手进行背、抱、扛、卷等技术动作，旨在将对方摔倒。

第六章 全民健身体系的构建路径

本章为全民健身体系的构建路径，分别从全民健身制度保障体系的构建路径、全民健身组织管理体系的构建路径和全民健身服务实践体系的构建路径这三个方面开展。

第一节 全民健身制度保障体系的构建路径

一、全民健身法治概述

（一）全民健身法治的含义

1. 法治

法治是一种以民主为基础的运用法律来进行国家和社会管理的手段、方式和结果的总称。

法治具有多方面的含义。

（1）法治指一种治国的方略、社会调控方式。

（2）法治是与人治相对立的一种治国方略。

（3）法治强调依法治国、法律至上。

（4）法治包含着社会制度和秩序状态，是一种整体化的社会模式。

2. 法制

法制与法治是经常被混淆的两个概念名词，实际上二者的含义完全不同。狭义的法制指法律制度，广义的法制是指一切社会关系者严格执行和遵守的法律原则和制度。

法治与法制既有联系也有区别，为更直观地了解二者之间的关系，对比分析如表 6-1-1 所示。

表 6-1-1　法制与法治的差异分析

	法制	法治
联系	实行法治需要有完备的法律制度	
区别	法制相对于政治与经济制度	法治相对于人治
	法制内涵指法律及制度	法治内涵指人的治国理论、原则和方法

3. 全民健身法治

"全民健身法治"，具体指国家权力依照既定的法律规范在全民健身活动中的运作形态。[①] 现阶段，我国"全民健身法治"运作模式如下。

（1）法律价值方面，全民健身的法治建设有助于促进全民健身开展过程中新政策新格局的形成，有利于全民健身过程中实现由义务本位向权利本位的转变，对政府部门和体育部门明确法律价值，并引导全社会的法律价值观形成。

（2）法律地位方面，通过法律来确立全民健身的法律地位，明确全民健身在新时期我国体育事业与社会法治中的重要地位，在普及全民健身观念与意识的同时，树立法律的最高权威。

（3）法律运行方面，在全民健身工作开展过程中，要形成独立的合理的法律运行机制，构建完善合理的组织系统和职业。

（4）法律功能方面，实现法律在全民健身活动中的社会化，并渗透到全民健身的各项活动中去，为全民健身活动提供知识、法律技术保障。

（二）全民健身法治的意义

1. 发展社会主义市场经济

新时期，持续推进全民健身，有助于促进体育经济的发展。在全民健身法治进程中，体育与市场的结合也必然会受到法治的影响。在体育各项活动开展过程中，全民健身法治是以保障人的健身权利为重要特征和使命的，而市场经济是最强调权利保障的，市场经济条件下的全民健身活动的开展需要加强法治建设。

加强全民健身法治，有利于保障作为最广大人民的体育健身权利的实现，有利于确认体育主体资格，指引健身活动科学有效地开展，有利于保护体育健身主

① 李相如，苏明理. 全民健身导论 [M]. 北京：高等教育出版社，2008.

体的正当权益，维护健身市场的秩序。

现阶段和未来一段时间内，在以市场为取向的全民健身活动中，必须不断强化公平正义、权利平等的意识，建立良好的健身法治环境，加强全民健身立法。

2. 积极推进国家法治进程

从全民健身活动开展与政府、体育相关部门的组织与管理关系来说，政府与体育相关部门的良好组织机构、制度、法规政策的确立与实施，有助于保证全民健身各项政策与基层活动自上而下有序开展。

全民健身活动内容丰富、活动组织与管理涉及多个部门，受多种社会因素的影响，全民健身法律法规的制定与实施，将全民健身计划与活动的政策、制度、措施等用法律的形式固定下来，有利于确保全民健身的各项活动都依法进行，实现健身活动的制度化、法律化。

全民健身是一项渗透到全社会的大工程，全民健身法治有助于全民提高社会大众法律意识，这对于提高我国国民法律意识与依法办事，推进国家法治进程具有重要的意义。

3. 确保体育事业协调发展

我国在建设体育法治过程中积累了不少经验，在依法治国大背景下推进全民健身，使全民健身法治得到了迅速的发展。

新时期，开展全民健身法治建设，必须完成以下重要任务，具体来说，就是通过现代法治的积极功效来促进全民健身事业的发展，使全民健身与竞技体育的配置比重与发展趋向达到均衡，协调各类体育关系，促进我国体育事业的整体发展。

（三）全民健身法治建设的特点

1. 政府推进建设

目前，我国全民健身相关法律法规均由我国政府机关制定，主要涉及以下 5 个部门。

（1）国务院。

（2）国家体育总局。

（3）民政部。

（4）公安部。

（5）政府体育主管部门或联合其他有关部门。

由政府制定和推出全民健身相关法律法规制度对于我国全民健身从上而下的统筹兼顾和全面展开具有非常重要的促进作用。

2. 立法层次较低

从目前我国已有的全民健身相关法律法规来看，我国高层次的法律文件较少，主要有中共中央、国务院《关于进一步加强和改进新时期体育工作的意见》（国务院，2003 年）、《公共文化体育设施条例》（国务院，2004 年），这两个法律文件是从较高层次对我国全民健身活动进行内容规范的法律文件，也是我国全民健身法治建设的基础性法律文件。

整体来看，我国全民健身相关法律文件层次低，表现出以下两个特点。

其一，从内容看，时效性和实践性强的法规不多。

其二，从法的位阶看，各部门规章之间、部门规则与地方性法规之间不能完全协调，甚至存在冲突。

3. 建设不平衡

我国全民健身法治建设具有不平衡性，具体表现如下。

第一，区域发展不平衡。从整体来看，我国东西部地区相比，东部地区健身法律法规较多。

第二，内容不平衡，现阶段，我国全民健身相关法律法规主要涉及体育彩票、学校体育、体育场馆、健身俱乐部等方面，其他相关方面很少涉及。

（四）新时期全民健身法治建设的任务

1. 加强健身法制宣传

要不断推进全民健身活动的持续开展，就必须从法律层面保障每一个社会大众都有参与体育健身的权利，并提高社会大众的依法健身意识，从法律的角度明确自己的健身权利并积极争取在合法范围内开展各种健身活动。这有利于在全社会形成一个良好的全民健身法治环境。

当前，对大众的健身法律宣传与保护要多方面、大范围地开展，不断提高广大群众健身意识和科学健身知识水平，同时，要为群众健身方法的科学研究、技术推广和科普工作等提供法律保障。

2. 健全健身法规体系

法律制度是保证和推动全民健身活动最根本的制度保障。当前，应从国家层面尽快制定、完善我国全民健身法律体系。

从政府工作层面来说，不断健全各个方面的立法建设，应重点关注以下方面。

（1）公共体育设施。

（2）社会化健身活动。

（3）健身活动组织。

（4）健身骨干队伍。

（5）健身体育管理。

（6）健身服务市场。

（7）医疗卫生、中医药、药品管理等。

现阶段，要不断加快我国全民健身法治建设进程，从体育健身本身和相关方面制定先进的法律法规，以不断完善我国全民健身的法律体系，使全民健身各项活动都能有法可依、受法律保护并得到真正落实与开展。

3. 健身体现法治文明

在全民健身事业发展过程中，会受到各种各样的因素影响，可能会出现各种矛盾和问题，在解决这些矛盾和问题时，应首先有法可依，其次要认真结合相关法律法规文件有序解决各种问题。要做到在全民健身各项活动的开展过程中始终体现出法治文明，这也是使我国全民健身活动能持续开展的重要基础。

（五）新时期全民健身法治建设的原则

1. 法治建设过程中坚持以人为本

中国特色社会主义社会是以人为本的社会，全民健身活动的开展也必须坚持以人为本，以广大人民群众的体育需求来制定与体育健身相关的法律法规，确保群众各项体育健身能够依法开展，保障每一个居民的健身权利。

从法律保障和维护人权的角度来说，公民的健身权利和权益保障是国家提供的体育公共服务，是人和社会全面发展的根本体现。在国家法治秩序的建构中，人的主动性、创造性对法制进程发挥积极的推动作用。

全民健身法治建设，通过法律的推动、保障人民开展健康文明的生活方式、形成和谐的社会精神风貌、促进健身活动的公平而有序开展。

倡导民主和谐，形成良好社会秩序，是健身法治建设的根本方向和追求。

2. 政府推动与全民参与相结合

如前所述，我国全民健身法治的推动是由政府自上而下进行的，政府在全民健身的推进过程中发挥着非常重要的作用。

在未来的全民健身法治建设过程中，政府要持续发展其领导与指导作用，结合我国全民健身的基本国情制定从上而下的完善的健身法律体系，通过法律文件推动我国全民健身的强制性与程序性开展。

此外，也必须认识到，全民健身具有民众自愿参与性，政府在加强法治建设的同时，也要重视全民健身的积极引导，通过法律与宣传教育相结合的方式，使得政府推动与全民积极参与有效结合起来，如此才能确保全民健身能在法治过程中有效协调各方面的权力和利益。

为了实现政府法治建设中的教育性、人文性，要关注民众的健身需求，自下而上、自民间向国家提出自发性的法律变迁，即依靠社会的、民间的、自然生成的制度、规范，再通过对这些制度、规范、法律的完善去保障全民健身活动开展的各项权利与义务，形成国家推进和公民参与的良性配合、互促共进。

3. 借鉴创新，坚持中国特色

当前，我国已经逐步融入世界的法治潮流，我国的健身体育法治正在以前所未有的速度发展，正与世界其他各国一道推进国际健身体育的法治化进程，接受国际规则，遵循国际惯例，实现健身体育的法律移植并进行本土化的创造。

必须提出的是，全民健身是我国的一个重要的中国特色工程，是由中国体育发展的基本国情决定的，健身参与对象是中华人民共和国的公民，自然要体现出中国特色。我国全民健身法治建设要符合我国的国情，要体现出中国特色，不能盲目对国外的社会大众法治建设经验与条例实施"拿来主义"和全盘接受，要"取其精华，去其糟粕"，结合我国具体国情进行本土化改造和创新。

4. 社会需求和效益协调发展

社会需求决定着法律的质，也制约着法律的量。目前，我国健身法律还不能完全满足各个方面主体的实际需要。

当前和未来一段时间内，健身体育法治建设，要以社会需求和社会效益为先导，坚持健身体育法治的协调发展。具体要求如下。

（1）协调健身体育法治建设与经济基础、上层建筑的关系。

（2）协调法治内部关系；立法、司法、守法之间的协调发展。

（3）协调健身法律法规体系。

（4）协调健身体育法治理论与实践。

（5）坚持健身体育法律的地方性与国家统一性。

（6）正式制度与非正式制度相结合，既要重视国家正式制度的安排，又要贴近国情和民情，促进地方健身体育法律的发展。

二、全民健身法律性质及法律制度

（一）全民健身的法律性质

1. 全民健身是一项公益事业

2002 年 7 月 22 日，中共中央、国务院《关于进一步加强和改进新时期体育工作的意见》中明确指出："群众性体育属于公益事业。"

全民健身是事关全民族健康素质的公益事业，其性质决定了其发展主要靠政府引导，依靠政府财政支持、依靠政府提供公共服务。在政府的引导、支持、推动下，使广大人民群众能享受到体育健身公共指导与服务。

2. 全民健身活动的法律地位

结合我国不同法律法规对我国全民健身的法律地位进行阐述。

（1）《中华人民共和国宪法》对群众体育的阐述。

《中华人民共和国宪法》（以下简称《宪法》）是我国健身体育活动最根本的法律依据，在我国法律体系中处于最高的位阶。

《宪法》第 21 条规定"国家发展体育事业，开展群众性的体育活动，增强人民体质"。

《宪法》第 22 条规定"国家发展为人民服务、为社会主义服务的……文化事业，开展群众性的文化活动"。

（2）《中华人民共和国体育法》对社会体育的阐述。

《中华人民共和国体育法》（以下简称《体育法》）是全民健身活动的直接法

律依据。《体育法》中专章规定了社会体育的内容,指出社会体育是整个体育领域非常重要的组成部分。

特别是《体育法》中明确规定,"国家发展体育事业,开展群众性的体育活动,提高全民族身体素质""国家提倡公民参加社会体育活动,增强身心健康""地方各级人民政府应当为公民参加社会体育活动创造必要的条件,支持、扶助群众性体育活动的开展",明确了国家对社会体育法治的态度与责任。

(3)其他法规规定。

除《宪法》和《体育法》外,我国还先后颁布了许多规章和规范性文件,规定、指导和促进着全民健身活动的开展。为我国整个体育事业和社会体育的发展指明了方向。

近年来,我国更是加大了体育事业的发展力度,尤其重视发展大众体育。为了推动包括社会体育在内的体育事业的发展,我国先后制定和出台了一系列相关政策、法律、法规,切实保障了广大人民群众参与体育活动的基本权利(表6-1-2)。

表 6-1-2　21 世纪以来我国体育相关法规制度

年份 / 年	政策与制度颁布
2000	《2000—2010 年体育改革与发展纲要》
2006	《体育事业"十一五"规划》
2008	《中国体育彩票全民健身工程管理暂行规定》
2009	《全民健身条例》
2011	《全民健身计划(2011—2015 年)》
2012	《体育事业"十二五"规划》
2014	《关于加快发展体育产业促进体育消费的若干意见》
2015	修正《中华人民共和国体育法》
2016	《体育发展"十三五"规划》
	《全民健身计划(2016—2020)》
	《青少年体育"十三五"规划》
	《关于加快发展健身休闲产业的指导意见》
	《"健康中国 2030"规划纲要》

（续表）

年份 / 年	政策与制度颁布
2017	《关于大力发展体育旅游的指导意见》
	《全民健身指南》
	《体育标准化管理办法》
2019	《健康中国行动（2019—2030 年）》
	《关于促进全民健身和体育消费推动体育产业高质量发展的意见》

3. 全民健身法律关系及活动主体

健身法律关系及活动主体是指健身法律关系的参加者，包括权利主体和义务主体，各主体权利和义务细分如表 6-1-3 所示。

表 6-1-3　全民健身相关主体的权利与义务

相关主体	权利 / 义务
国家	提供健身公共服务
公民	依法享受健身权利和承担健身义务
国家体育行政机关和其他国家机关	依法行使健身体育活动管理职权
其他企事业组织和社会组织	配合政府组织公民实施健身活动

（二）《体育法》与《全民健身条例》

1.《体育法》

（1）《体育法》的颁布。

1995 年 8 月 29 日，经第八届全国人大常委会第十五次会议审议通过，我国颁布了《中华人民共和国体育法》（简称《体育法》）。《体育法》的颁布填补了我国立法的空白，标志着我国体育工作进入了依法行政、依法治体的重要阶段，也从根本上确立了大众体育的发展地位和作用；同时，也标志着我国的全民健身进入了一个法制阶段。

此后，在 2009 年 8 月 29 日、2016 年 11 月 7 日，为更好地促进我国人民群众的体育参与权利和体育相关利益维护，我国先后对《体育法》进行了修订。修订后的《体育法》为新时期进一步"增强人民体质，提高体育运动水平"指明了发展方向，使我国新时期的体育事业发展有了更加完善的法律保障。

《体育法》的颁布与实施使我国的全民健身事业进入一个新的更高层次的发展阶段，是促进大众健身活动和大众健身事业发展的重要法制基础。

（2）《体育法》中全民健身相关条文的阐释。

《体育法》作为我国体育领域最高立法层次的体育基本法律，是我国全民健身开展的强有力的法律依据。

《体育法》明确规定"国家推行全民健身计划"，着力强调"开展群众性的体育活动，提高全民族身体素质。体育工作坚持以开展全民健身活动为基础，实行普及与提高相结合，促进各类体育协调发展"。

《体育法》中多项条款对健身活动做出了规定，列举如下。

第二条："国家发展体育事业，开展群众性的体育活动，提高全民族身体素质。体育工作坚持以开展全民健身活动为基础。"

第十条："国家提倡公民参加社会体育活动，增进身心健康。"

第十一条："国家推行全民健身计划，实施体育锻炼标准，进行体质监测。"

第十二条："地方各级人民政府应当为公民参加社会体育活动创造必要的条件。"

第十六条："全社会应当关心、支持老年人、残疾人参加体育活动……"，全民健身涵盖全体公民，包括各类人群。

第十二条："农村应当发挥村民委员会、基层文化体育组织的作用，开展适合农村特点的体育活动。"在农村普及、推广、开展全民健身活动是我国全民健身工作的重要内容之一。

第二十三条："学校应当建立学生体格健康检查制度。教育、体育和卫生行政部门应当加强对学生体质的监测。"在学校加强体育教育，能为全民健身提供有效的教育补充，有利于通过学生群体吸引更多的人关注和参与全民健身，对于未来全民健身社会体育人口的增加也具有重要促进作用。

2.《全民健身条例》

（1）《全民健身条例》的颁布。

2009年8月30日，国务院制定公布《全民健身条例》，2009年10月1日起施行。

2013 年 7 月 18 日，根据《国务院关于废止和修改部分行政法规的决定》，对《全民健身条例》进行了第一次修正。

根据 2016 年 2 月 6 日，根据《国务院关于修改部分行政法规的决定》，对《全民健身条例》进行了第二次修正。

《全民健身条例》的颁布与实施，有利于促进新时期我国全民健身工作的持续开展，为全民健身提供了行政法规保障，有利于提高公民身体素质，保障公民在全民健身活动中的合法权益。

（2）《全民健身条例》中全民健身相关条文的阐释。

《全民健身条例》（2009）中对全民健身的促进与开展内容有如下内容。

第三条："鼓励体育类社会团体、体育类民办非企业单位等群众性体育组织开展全民健身活动"。

第四条："公民有依法参加全民健身活动的权利"。

第六条："国家鼓励对全民健身事业提供捐赠和赞助"。

第十二条："8 月 8 日为全民健身日"，在当日，加强全民健身宣传，积极组织和参与全民健身活动。

《全民健身条例》的颁布与实施以及之后的两次修订，为全民健身提供了行政法规指导。

三、全民健身工程的实施

（一）全民健身工程的产生背景

我国开展实施全民健身工程，是由我国社会经济和体育事业法治过程中遇到的各种问题决定的，也是我国体育事业法治未来要不断完善的必然要求。具体来说，可以从以下 3 个方面来理解我国全民健身工程开展的背景因素。

（1）随着社会生产力的发展，我国民众的健身意识、健身时间都有了显著提高，群众健身需求不断增强，广大人民群众越来越重视生活质量的提高，在这样的社会大背景下，开展全民健身工程，是对当下满足人民日益增长的体育健身需求的决策。

（2）20 世纪 90 年代中期，我国群众体育场地设施严重缺乏，严重制约了群众体育发展。

（3）体育彩票公益金的 60% 用于全民健身，为"全民健身工程"开展创造了条件。

全民健身工程的配建与使用管理不断完善，切实保证和推进了人民群众的各项体育健身活动的开展。

（二）全民健身工程的发展现状

1. 全民健身路径工程

现阶段，我国国家和地方政府通过体育彩票公益金支出用于配建"健身路径"的资金总数逐年不断增加。

目前，我国全民健身路径从城市社区，到农村乡镇，群众性体育公共设施实现了跨越式发展。

2. 全民健身活动中心建设

目前，我国全民健身活动中心主要包括以下 4 种。

（1）居民小区级的"全民健身活动中心"。

（2）街道级"全民健身活动中心"。

（3）市辖区级"全民健身活动中心"和城市级的"全民健身广场"。

（4）"体育主题公园"。

当前，我国健身活动中心的室外健身设施初步健全，城市社区和乡镇都有了一定数量、一定规模的健身路径。

除了为广大人民群众提供了日常开展健身活动的基本硬件设施，近两年，我国的大众健身基础软件体育设施也在不断完善中。

3. 全民健身活动基地建设

2001 年开始，我国打造第一个国家级"全民健身活动基地"。

2004 年，我国新疆地区建成西北最大的全民健身活动基地，为当地人民参与全民健身活动提供了优质的健身场所。

目前，我国最大的"国家全民健身示范基地"是国家奥林匹克体育中心。

4. "雪炭工程"实施

为全面推进我国各地的全民健身活动的开展，满足"老、少、边、穷"地区日益增长的体育健身需求，从 2001 年开始，我国先后投入专项资金在"老、少、边、穷"地区建设"雪炭工程"。此工程得民心、顺民意，大大改善了中西部"老、少、边、穷"地区体育基础设施落后的局面。

（三）全民健身工程的发展趋势

随着我国全民健身工程的不断推进，全民健身的经验不断丰富。当前，我国全民健身工程在发展过程中表现出如下趋势。

1. 体育资金投入力度不断加大

全民健身工作的持续开展使我国广大人民群众的体育健身意识和需求都在不断增长，全民健身的基础性体育设施的建设必须得到应有的重视，为广大人民群众提供良好的健身基础条件与设施。为不断丰富与完善全民健身的基础场地与设施，我国在全民健身工程方面的投资规模逐渐增大，资金来源的模式不断创新，投资原则和资金管理更加严格科学，为大众健身的体育健身资金投入与物质条件提供了资金保障。

2. 体育投资和配置日益多元化

随着健身投入资金的逐年增长，我国全民健身工程的品种和门类不断增加，体育设施的设计将更加科学实用，能满足不同人群的多样化体育健身需求。

在体育投资充足的情况下，体育资金与体育物质资源的配置也日益合理化，各种多样化的健身广场、公园以及对不同地区的健身工程与健身活动基地的建设，为当地居民积极参与体育健身提供了有效的物质基础保障。

此外，特别值得一提的是，随着全民健身工程的发展，与之相配套的法规不断完善，这更加有利于促进我国全民健身工程的可持续法治。

3. 区域健身发展不平衡情况改善

全民健身工程的开展面向我国全体国民、惠及我国各个地区。对于广大人民群众来说，任何人，无论男女老少都享有参与体育的权利，并且国家和政府应该为人民群众能够参与体育健身创造良好的环境与条件。

随着我国全民健身工程的深入，我国东部地区和城市的大众体育健身已经有了较为丰富的场地设施，但在我国西部地区以及经济欠发达地区的农村，健身场地与设施匮乏，群众健身缺乏必要的物质支持。为了改变这种健身困境，国家体育总局加大对这些地区体育建设资金的投资力度，在地方体育健身发展方面，偏远地区和经济欠发达地区投入资金力度不够的比例正在逐渐发生变化，这对部分体育发展"贫困区"的体育健身来说是一种利好趋势。

国家体育总局对全民健身工程的投资正在逐渐向西部地区倾斜，也充分体现了中共中央、国务院支援西部地区的决心和力度。

从较长一段时间来看，尽管经济欠发达地区的群众体育健身物质建设情况与指导员队伍建设方面，短期内无法与东部和沿海的大中城市相比，但是东西区域间的体育健身发展的差距正在缩小。

4. 全民健身工程快步向农村拓展

我国农村人口占我国总人口的较大比例，关注农村全民健身开展是我国全民健身工作的一个重点。

当前，我国在农村地区，已经建立了相当一部分数量的全民健身工程，全民健身工程正在持续不断进入更多地区的诸多村庄中去，我国农村配建的村庄级全民健身工程的数量还在持续增加中。

第二节　全民健身组织管理体系的构建路径

全民健身是一个复杂和系统的工程，要落实好各项工作内容就必须抓好各项工作的组织与管理实施，如此才能切实落实全民健身各项政策，引导广大人民群众科学、有效参与各种类型与形式的全民健身活动。构建科学的全民健身组织管理体系，这样可以使全民健身活动开展事半功倍。

一、当前我国主要体育组织及管理

（一）我国主要体育组织

1. 体育行政部门

体育行政部门是专门从事体育实务的行政管理部门。我国全民健身相关行政部门主要有如下 5 个。

（1）国务院体育行政部门。

在我国体育事业发展推进中，在国务院体育行政部门中，主管全民健身工作开展的是国家体育总局，国家体育总局成立于 1998 年 3 月，负责全国体育工作。

当前，国家体育总局中的群众体育司负责大众体育事务。

（2）国务院其他有关部门。

全民健身工作的开展，仅依靠体育部门是行不通的，还需要其他相关部门的配合，隶属于国务院其他有关部门均在本部门职权范围内支持全民健身工作开展。

（3）县级以上地方政府体育行政部门。

设有群众体育处（或科），或设置专人，依法负责对辖属区域内的各项大众体育活动进行管理。

（4）县级以上地方各级政府有关部门。

相关部门主要包括教育部门、民族部门以及农业、工商、税务、公安等部门，这些部门与地方政府行政部门协作促进各项体育工作的开展。

（5）乡、民族乡、镇政府的其他有关部门。

负责本行政区域内的各项体育工作管理，是最基层的群众体育工作。

2. 体育相关群众组织

（1）体育相关社会团体。

我国有多种形式与内容的社会团体，不同社会团体的服务对象不同，服务内容也有所不同，工会、妇联、残联、共青团等社会团体，具有完善的组织系统，能针对不同人群进行体育引导与组织，促进不同群体的健康发展。

（2）居民委员会和村民委员会。

现阶段，我国很多基层群众体育活动都是由居委会和村委会组织开展的。居委会和村委会深入基层人民群众中开展各项行政工作，比较了解基层百姓的各种需求，包括体育健身需求，因此依靠居委会和村委会开展各项群众体育工作具有便利性和针对性。

3. 体育社会团体

体育社会团体在全国全民健身推广和竞技体育发展中发挥着非常重要的作用。我国常见体育社会团体有如下两类。

（1）各级体育总会。

我国各级体育总会的具体职责如下。

①发展体育事业，普及群众体育，提高国民素质。

②宣传与推广大众体育。

③团结体育工作者，推动体育改革。

④开展广大人民群众教育。

⑤促进社会主义文明建设。

⑥培养体育人才。

中华全国体育总会拥有众多会员，对我国各体育运动项目的群众体育活动开展与竞技赛事、竞技水平发展起到推动作用。

（2）各级行业系统体育协会。

行业系统体育协会是在民政部门登记、备案的体育组织部门，是行业内的体育主管团体。目前，在我国诸多行业中，如铁路、航空、邮电、机械、石油、林业等，都有体育协会负责本行业内的从业人员体育工作的开展，群众普及面非常广泛。

除了上述协会，我国各级运动项目协会、传统体育项目协会在促进我国群众性体育健身工作开展方面也起到了重要的组织、指导、管理作用。

4. 基层体育组织

我国基层体育组织主要以街道社区、锻炼点、辅导站等基层体育组织活动形式开展群众性体育活动。基层体育组织的大众体育健身活动开展具有经常性、自发性、公益性等特点。具体来说，我国基层的体育组织有如下 4 类。

（1）街道社区体育组织。

街道办事处隶属于基础政府部门，以街道办事处为依托的社区体育协会组织开展群众体育健身活动，极大地丰富了基层人民群众的体育生活。

（2）乡镇体育组织。

乡镇政府是我国农村基层政府对基层人民群众的体育健身工作开展进行综合引导与管理，乡镇体育组织在乡镇政府的领导下在本行政辖区内开展群众体育工作。

（3）体育指导站。

体育指导站是群众性体育活动的体育组织，负责基层体育健身宣传，为民众参与体育活动提供健身场所、器材、设备，并对参与体育活动的群众进行科学体育指导。

（4）青少年体育俱乐部。

青少年体育俱乐部主要负责引导和组织青少年群体参与体育健身活动。现阶段，我国非常重视青少年体育的发展，虽然针对青少年体育活动组织与管理的社会化、公益性的青少年体育俱乐部数量逐渐增多，但是与体育发达国家相比，我国青少年体育俱乐部出现的时间较晚，数量少、人员少、职能也不健全，还需要进一步地发展与完善。

（二）我国体育活动管理方法

1. 行政方法

全民健身是一项举国工程，离不开政府的引导与宏观管理，全民健身中体育管理行政方法的行使部门主要是政府、体育行政部门。在政府引导下，通过行政管理方法对广大人民群众体育活动进行管理，可确保全民健身始终向着正确的方向发展。

（1）行政方法的体育管理特征。

体育行政管理方法的管理特征具体分析如下。

①强制性：强制性是行政方法的鲜明特性之一，行政管理方法一般是上级指示，下级执行，执行过程中需要行政权力的绝对支持，与其他体育管理方法相比，工作效果较为显著。

②权威性：就行政管理方法来说，其有效性主要取决于管理的权威性，行政管理具有绝对的权威性，下级绝对服从上级，对上级负责、接受上级监督，有利于确保全民健身中体育各项工作的有序开展。

③纵向性：全民健身中体育管理的行政方法由上级颁布实施、下级遵照执行，上下级关系明确，反对横向干预，可以有效避免指挥乱象。

④稳定性：行政管理政策与制度的实施具有一定的时限性，不可能朝令夕改，因此能确保全民健身工作的持续推进，确保全民健身的长久可持续发展。

（2）行政方法体育管理要求。

①集中领导：行政管理应具有权威性，这种权威性必须建立在集中领导的基础之上。

②分级管理：全民健身涉及全社会诸多因素，对于整个社会各方面的调度来说要统筹兼顾、考虑周全，要实现全民健身工作的科学有序，就应该做到分级管理，专人专项负责各级做好分内之事，层层推进。

③权、责一致：结合管理目标赋予应有的权力，同时管理者应树立责任意识

和服务意识，避免以权谋私、玩忽职守。

④调动被管理者的积极性：全民健身面向全体人民群众，行政管理虽然是自上而下地上传下达，但是任何关于全民健身的决策都必须真正从广大人民群众的体育健身需要和要求出发，不能"凭空想象"，要满足广大人民群众的健身合理要求，以充分调动广大人民群众积极参与体育健身锻炼的积极性与主动性。

2. 法律方法

（1）法律方法的体育管理特征。

①强制性：法律面前人人平等，在体育健身活动参与过程中，也必须明确法律权利与义务。

②规范性：法律的强制性决定了法律的规范性。

③稳定性：法律法规一经颁布就不能随便更改，具有一定的稳定性。

（2）体育管理相关法律法规。

当前，我国全民健身体育管理方面相关法律法规、制度如表6-2-1所示。

表6-2-1 全民健身相关体育法律法规

体育参与的法律法规	《中华人民共和国体育法》
	《全民健身计划纲要》
	《全民健身中体育指导员技术等级制度》
国民体质测定相关制度	《中国成年人体质测定标准施行办法》
	《国民体质监测工作规定》
体育锻炼的相关标准	《国家体育锻炼标准》
	《社会大众体质健康标准（试行方案）》
	《普通人群体育锻炼标准》

3. 经济方法

（1）经济方法的管理特征。

①有偿性：经济方法通常是通过经济政策诱导来实施的，从市场发展和经营获利角度促使体育经营主体在相关政策下"搭便车"，投入一定的资源，支持体育产业与体育事业发展。

②间接性：经济方法激励个体和集体开展体育经营活动、进行体育健身消费。

③关联性：经济方法影响面宽、涉及因素多，且会引发连锁反应。

（2）全民健身经济管理相关层面。

①行政拨款：针对基础体育设施建设的福利性拨款。

②税收：对体育市场主体实施税收优惠。

③价格：通过调整体育商品或服务影响体育消费市场供求。

④奖金：通过奖金发放鼓励体育经营者、消费者积极参与体育市场活动。

⑤罚款：通过罚款方法规范体育产品、体育服务、体育消费市场，规范体育市场行为。

4. 宣传教育方法

（1）宣传教育方法的体育管理特征。

①先行性：通过宣传和教育予以预防，抑制不良效应。

②疏导性：对全民健身中存在的问题，因势利导，保证全民健身工作更加有序、顺利开展。

（2）全民健身的大众媒体宣传教育。

全民健身需要大众媒体积极发挥自身的宣传、引导、教育作用，要有效实施体育宣传教育，必须依托多种形式的大众媒体积极开展全民健身中体育的报道，宣传体育健身，介绍全民健身中体育开展的意义与功能，从而提高广大人民群众的健身观念、健身意识，并促进大众健身行为的实施。

二、我国全民健身的科学化管理

（一）全民健身观念与活动推广

1. 政府引导

新时期，我国国家和政府部门都高度重视群众体育的发展，强调全民健身工作一定要紧紧围绕党和政府的中心任务，服从国家利益，从全局出发，不断解放思想，与时俱进，做好全民健身工作的改革、创新与发展。

随着我国国民经济稳步增长，我国产业结构不断优化和升级，居民消费水平日益提高，在这样的背景下人民群众开始追求更高质量的生活。

现今，人们的生活水平不断提高，余暇时间也不断增多，在这样的形势下人们的工作状态和休闲状态逐步分离，人们的工作观和休闲观也开始转变。伴随着社会文明病的肆虐，"花钱买健康"的理念越来越受到认可，全民健身理念深入人心。

2.媒体宣传

如前面所述，全民健身的持续推进离不开广大人民群众的关注、参与，在引领广大人民群众思想与社会文化发展方面，除了政策引导，媒体宣传也发挥着重要作用。当前，想要持续吸引更多的人参与到全民健身中来，必须加强媒体健身宣传。我国媒体对全民健身的宣传与推广主要有以下3种形式。

（1）传统媒体推广。

传统媒体主要是通过广播和电视传播信息，在信息宣传上能给人更加直观的感受，可以较好地通过语言传递体育信息与资讯，增强群众的兴趣度和信任度。缺点是不利于信息保存。

（2）纸质媒体推广。

报刊、书籍、宣传彩页等都属于纸质媒体，通过纸质媒体宣传全民健身具有重复观看、反复阅读的特点。就目前我国大众的社会参与关注习惯来说，纸质媒体的缺点是受众面较窄，订阅报纸的人大多为事业单位、老年人群，即便是这些机构和人群也很少有专门订阅体育类报刊的，因此体育信息的覆盖面并不广。

此外，在农村以及社区的宣传栏中，也很少有专门的体育信息宣传，很多人并没有驻足于宣传栏，很多老年人视力不佳，对纸质媒体的信息接收量有限。

（3）网络推广。

当前信息社会，互联网技术的发展极大地促进了社会信息的传播，互联网是现代人获取信息的主要渠道。

网络媒体的受众多是年轻人，随着大众信息接收习惯的改变，很多老年人也学会了使用智能手机与软件，因此新媒体时代，应该借助网络媒体宣传优势积极扩大全民健身宣传，吸引广大人民群众关注体育、参与体育。

需要特别关注的是，网络媒体中有很多自媒体的存在，要加强对这些自媒体信息进行审核，营造健康的社会体育环境。

3.教育推进

全民健身的开展不仅要营造良好的社会体育环境与氛围，也要注重学校体育教育的发展，通过学校健康教育提高青少年学生的体育意识，帮助他们树立正确的体育健身观念，同时通过学校体育健康教育来培养未来的体育人口、社会体育指导员、体育方向的各类人才。

（二）全民健身项目与活动内容开发

1. 全民健身群众体育项目开发

当前，我国社会基层的群众体育活动开展越来越多，体育运动健身项目内容大多是慢跑、健身舞蹈等，具有很强的娱乐性与健身性，社区群众体育方面老年女性参与人数更多。

要做好基层人民群众的体育健身动员与组织、管理，基层政府组织应深入人民群众中进行健身调查，了解什么时候开展群众性体育活动，开展何种规模，以什么形式开展最为合适，了解广大人民群众对日常健身活动主题的需求，对活动时间的需求，对活动内容与形式的需求等。一些基层组织往往会考虑如何组织更方便就怎么组织，开展全民健身活动考虑形式多，研究内容和效果少，只能照顾到少数人的体育需求，虽然阵容很强大，但实际上人们真正得到锻炼健身的却不多，甚至有群众根本不知道本地区举办了何种群众性体育健身组织、指导活动，群众难受益。针对这种情况，要尽量在基层人民群众中开展多样化的体育项目内容与形式，要定期或不定期组织小规模健身活动，并重视结合节庆日开展主题体育健康教育与锻炼活动，开展广大人民群众喜闻乐见、广泛参与的体育健身项目。

2. 全民健身体育文化活动开发

我国体育文化底蕴深厚，全国各地的体育文化各具特色，并且体育课程的资源也非常丰富。绝大多数的体育文化活动内容都具有极强的艺术性，很多民族传统体育文化活动将体育、艺术与音乐各个方面融合在一起，成为一种富有节律性的艺术活动。

我国民族体育文化活动，如民族体育运动会、民族体育文化节、民族体育活动表演等，有缓解压力、调节情绪的价值，也具有重要的健身与娱乐价值，能很好地陶冶人们的情操。当前，我国丰富多彩的体育文化活动已经探索出体育与文化、与经济的协调发展道路，极大地促进了我国不同地区、民族的体育文化发展。

（三）我国全民健身的活动经费管理

1. 经费的来源渠道

（1）政府投入。

一直以来，我国的体育经费都是由政府提供的，政府对公共体育服务的经费支持是通过政府财政资金的专项拨款来实现的，如通过财政政策调整体育资源配置，对高消费体育娱乐项目多征税，对高雅体育项目少征税或免征税。[①]

在对体育事业的发展投资上，政府的体育财政投入结构也在不断完善。2000—2007 年我国体育事业经费结构如下。

①体育基本建设支出。

②教育基建支出。

③教育事业费。

④体育事业费。

⑤科学事业费。

⑥科技三项费用。

⑦行政事业单位离退休经费。

⑧社会保障补助支出。

⑨政府机关经费等。

⑩其他部门事业费。

后奥运时代，和以往相比，我国体育事业各项支出科目发生很大改变。我国群众体育费占体育事业支出比重经历了一个曲折发展时期，2008—2011 年呈下降态势，此后对广大人民群众的体育发展投资逐渐增多，呈现增长态势。投资结构如下。

①体育竞赛费。

②体育训练费。

③体育场馆费。

④群众体育费。

（2）体育彩票。

体育彩票是我国面向全社会进行的一种公益性体育集资，多用于基层体育建

---

① 隋路. 中国体育资源配置效率研究 [M]. 北京：社会科学文献出版社，2011.

设，是发展全民健身的重要经费来源之一。

我国体育彩票管理中心是隶属于体育总局的事业单位，带有行政、企业与事业三位一体的特征（图6-2-1）。①

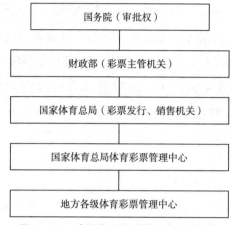

国务院（审批权）

财政部（彩票主管机关）

国家体育总局（彩票发行、销售机关）

国家体育总局体育彩票管理中心

地方各级体育彩票管理中心

图 6-2-1 我国体育彩票管理中心的特征

（3）社会集资。

社会集资以企业投资为主，是一种新的资源配置分配。

新时期，全民健身持续推进需要更多的资金支持，加大社会筹资力度是筹集体育发展资金，推动体育长期发展，建立公共体育服务财政保障体系的有效途径。

2. 经费管理不足之处

（1）财政投入结构不合理。

一方面，从国内体育发展来看，在有限的体育财政投入总量约束下，体育财政投入有限，公共体育方面的投入相较于竞技体育方面，政府财政投入存在着"缺位"与"错位"的行为，体育投入结构严重失衡长期存在，转变还需要一个时期；②另一方面，从国际大众体育发展来看，当前我国政府在体育经费拨款上与体育强国相比，还处于比较低的水平。

（2）体育资金管理粗放。

①体育资金缺乏统筹安排，项目重复，投入不足，浪费低效。

②缺乏体育资金使用导向。资金不足、资金闲置现象严重。

① 朱小龙. 我国体育彩票业政府规制改革思路 [J]. 武汉体育学院学报，2012，（46）12: 34-38.
② 冯国有. 体育公共服务均等化及其财政政策选择 [J]. 上海体育学院学报，2017（6）: 31.

③体育资金投入重支出、轻管理。有资金没项目，有项目无资金现象并存，资金不能得到有效利用。

④体育资金投入缺乏科学预算。

⑤缺乏体育资金管理的有效监督、监察、评估。

3.经费科学管理与使用

（1）树立综合平衡的思想。

新时期，要持续推进全民健身发展，就必须充分认识到体育发展的公众性、公益性，以及在社会文明建设与国民素质提高方面的重要作用。要综合各方发展应做到以下两点。

①必须重视体育资金的渠道开发与资金管理，以科学发展观优化配置体育财政资金资源。

②对群众体育事业发展较好的地区、单位，中央财政应给予激励性奖励，给予财政补贴。

（2）进一步发展体育彩票。

体育彩票是国家筹措体育资金的一项有效措施，可吸收社会闲置资金，未来还要继续发挥体育彩票对全民健身工作开展的资金支持，开发多样化的体育彩票形式来吸引社会零散资金筹措。

（3）加强经费管理监督。

①加大体育财政监督力度，促进财政信息公开、透明。

②创造良好的预算管理改革政策氛围和契机。

③通过立法的手段，逐步建立与完善各种体育政策、法规体系，建立健全体育财政监督制度，使社会体育活动的开展有法可依、有章可循。

（四）群众体育健身赛事管理

举办群众性体育赛事，能扩大体育影响范围，吸引更多的人关注和参与体育，是促进全民健身持续发展的一个重要和有效途径。

1.成立赛事管理组织

成立赛事管理组织是进行体育赛事管理首先要做的工作，当前世界范围内的体育赛事管理组织结构主要有两种形态（表6-2-2），可结合赛事规模与特点选择合适的赛事组织形式。

表 6-2-2　赛事组织形式与特点

赛事组织形式	特点
单一型组织结构	最高管理者掌握赛事决策权，直接负责赛事的所有工作
	组织结构灵活多变，利于决策
职能型组织结构	各部门人员职责明确，避免责任交叉重复，工作效率高
	要求工作人员具有较高的专业化水平
	组织间沟通协调存在一定局限性

2. 明确赛事项目

群众性体育赛事可选择的体育运动项目众多，赛事组织者可结合体育项目特点及分类（图 6-2-2）选择对本组织可操作性强、可实现度高、受本地群众欢迎的体育项目来规划赛事。

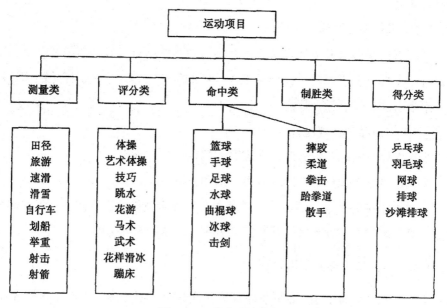

图 6-2-2　体育项目分类

明确赛事项目，还要遵循以下两个原则。

（1）利益性原则：体育赛事举办之前，应当充分考虑好该项赛事能否满足主办方的利益需求，考量该项赛事能否为主办方带来利益。

（2）可行性原则：充分考虑客观物质条件、财务条件、人力条件能否为所选择的体育项目提供良好、稳固的基础。同时，考虑体育项目的受众和参与者的人群基础。

3. 制订赛事计划

计划赛事的目的是使组织稳妥有序安排和组织实施竞赛，尽量避免在比赛的性质、时间和经费等方面发生冲突。

一般来说，体育赛事计划需要专业技术人员和大型体育活动的专家共同参与来完成，当制订体育赛事计划的人员达到工作岗位之后，需要依次完成体育赛事计划各个环节的工作。赛事计划应包括以下主要内容。

（1）赛事的名称。

（2）赛事的时间、地点。

（3）赛事的主办、承办组织机构。

（4）赛事的背景与"亮点"。

（5）赛事内容、规模、组织办法。

（6）赛事资源与取得资源方法的表述。

（7）赛事中的大型活动、主题活动、相关活动。

（8）赛事其他相关事宜。

4. 加强赛事宣传

对于群众性体育赛事宣传，应从以下 3 个方面入手。

（1）保证每个运动员（队）和观众及时了解比赛的状况。

（2）宣传体育精神。

（3）扩大体育受众，普及体育运动与体育赛事。

5. 做好竞赛服务

体育赛事的组织与管理的最终目的是实现经济增收、扩大体育健身影响，做好赛事服务，能为参赛者、关注者提供良好的影响，有助于进一步推广全民健身。良好的赛事服务要求如下。

（1）关注群众参赛、观赛需求。在满足自身基本经济效益获得的基础上，尽最大可能降低体育消费者获得满足的成本。

（2）方便消费。良好消费体验的获得与赛事各方全方位优质的服务是相辅相成的，方便、快捷、优质的服务能为消费者提供良好的消费体验。

（3）注重沟通。了解参赛者、赞助者、观众、媒体等的满意程度，从双向的交流过程中加强相互理解。

6.赛事收尾与评价

（1）体育赛事的收尾。

体育赛事结束后应做好以下管理工作。

①赛事财务决算，平衡账目。

②赛事场馆内的拆卸和清理工作。

③赛事借调人员返回。

④赛事器材、设备的归还、转让、出售和处理。

⑤离赛工作。

⑥成绩公布、印发。

⑦资料移交、整理。

⑧赛事工作总结、表彰、上报。

（2）体育赛事的评价。

体育赛事评价具体是指通过对赛事实时观察、测量和监视，正确评估赛事的过程，体育运动赛事的评价贯穿赛事的整个过程和各个环节。体育赛事的评价是多元化的，从赛事工作开展周期来看，包括赛前评价、赛事实施期间评价、赛后评价；从体育赛事的社会性质来看，包括赛事的竞技水平、经济效益、社会文化效益等的评价。

客观全面的赛事评价有助于组织者吸取经验教训，为下次群众健身赛事开展提供有效参考。

三、全民健身指导员队伍的建设与管理

（一）全民健身指导员的职责与素养

1.基本职责

一般来说，我国社会体育指导员应具备以下3个方面的职责。

（1）主动配合基层体育组织开展丰富多样的体育活动，通过各种方式带领

广大人民群众积极参与全民健身活动。

（2）对广大人民群众的科学健身进行积极的指导，提高健身指导水平，从而为居民提供适宜的健身项目选择与参与指导。

（3）不断加强自身体育科学素养，通过自身健身知识来识别和反对伪科学体育健身，并且及时介绍和引入新的健身理念和方法手段，提高体育指导能力。

2. 基本素质

作为体育指导员，其应具备以下6个方面的基本素质。

（1）思想道德素质。

体育指导员应加强提升民族体质的工作，同时还要有法治观念、道德修养以及高尚的事业心、责任心。

（2）体育价值观。

体育指导员应树立正确的体育价值观，并向大众宣扬这种正确的价值观。

（3）体能素质。

体能水平是体育人力资源的必备基础，一个跑不快、跳不高、动作迟缓的人来指导大家参与体育活动，显然不能得到被指导者的肯定，因此良好的体能是体育指导员的必备素质之一。

（4）技能素质。

体育指导员不仅要具备良好的体能，还要有自己擅长的一项或几项体育运动项目。良好的技能水平可以增强体育指导员的威信，这样才会有能力去指导具有一定运动水平与技能的体育运动健身者，更有利于体育指导工作的开展。

（5）科学文化素质。

具体来说，体育指导员应了解相关体育组织历史、体育组织或体育项目的功勋教练员和运动员、著名体育赛事纪录、各项技术统计记录等。良好的文化水平有助于塑造体育指导者自身的风格与气质、整体形象，可促进体育指导者自身的可持续发展。

（6）工作能力素质。

体育指导员在指导广大人民群众的体育健身中，应具备良好的沟通能力、组织管理能力、锻炼指导能力、科学研究能力，以及指导低等级社会体育指导员的能力等。

（二）全民健身指导员的管理

1. 体育指导员的认定

目前，执行全民健身中体育指导员职业技能鉴定工作主要有两个部门，即体育指导员职业技能鉴定指导中心、体育指导员职业技能鉴定所（站）。实行统一命题、定期鉴定制度。

2. 体育指导员的培训

在全民健身工作开展中，社会体育指导员"数量不断、质量不高"一直是制约全民健身持续发展的一个重要因素，因此当前和未来一段时间内，必须加强体育指导员的培养。

全民健身中体育指导员的培养目的主要是提高指导员专业素质，使其更好地服务于全民健身中体育活动的组织与开展。

当前，我国全民健身中体育指导员分为以下4个等级。

（1）初级社会体育指导员，培训时间不少于150个标准课时。

（2）中级社会体育指导员，培训时间不少于120个标准课时。

（3）高级社会体育指导员，培训时间不少于90个标准课时。

（4）社会体育指导师，培训时间不少于60个标准课时。

3. 体育指导员的管理原则

（1）系统原则：从整体出发，统观全局，合理配置人力资源，鼓励人力资源的自由流动。

（2）目标原则：在重视体育管理人才自身发展的基础上，实现管理的整体优化。

（3）能级原则：明确体育指导员的责任，授予其职权，实时监督与反馈，人尽其能。

四、全民健身活动组织的设施建设与改善

我国群众健身事业虽然发展迅速，但是也存在较多的问题，如资金问题、管理问题、文化建设问题，其中最突出的一个问题就是群众体育健身场地缺乏，这是制约我国群众体育发展的一个重要因素。

（一）我国全民健身活动的基础设施现状

1. 区域发展不平衡

我国地域广阔，区域经济发展不平衡，各地的全民健身开展状况也不平衡，主要表现为城市全民健身基础设施建设优于农村地区、东部地区全民健身基础设施建设优于西部地区、大中城市全民健身基础设施建设优于乡镇。

2. 场地设施分布不均

无论是在城市还是在农村，我国面向公共开放的体育场地与物质设施主要集中在行政单位区域，如村委会、村服务中心、社区服务站、派出所驻地等，还有很多是在组织机关内部场地中建设的。农民参与积极性不高，居住较远的人对体育场地的使用率低。

3. 场地设施存在安全隐患

安全是个体和群体从事体育健身锻炼的一个重要基础和前提。随着全民健身的持续开展，我国加大全民健身的路径，在前几年全民健身公共设施建设呈现出一个建设小高峰，这在一定程度上缓解了人均体育健身场地与设施不足的问题，同时也埋下了健身场地质量缺乏保障，后期维修工作做不到位的隐患。

当前，很多地区的体育场地被挪为他用，一些体育健身设施损坏严重且不能得到及时有效的维修，篮球架断裂和腐蚀、健身器材锈蚀和断裂的现象较多，增加了群众参与体育健身过程的安全隐患。

（二）我国全民健身活动设施的改善措施

1. 加强公共体育场馆建设

在我国，大型体育场馆建设的投资由政府承担，这是政府在履行相关义务，是对纳税人生活权利的尊重和保护的表现。小型体育场馆可以由企业、个人投资建设，并行使具体的经营管理权。

近年来，为引导广大人民群众积极参与体育健身，我国大部分体育基础设施建设都是由国家出资建设的，如国家体育总局利用体育彩票公益金修建了全民健身工程。我国在公共体育场馆、场地建设方面投入了大量资金，也鼓励社会资金投入，很多单项和综合体育场馆纷纷建立并面向公众开放，政府还支持各地进行城市规划和建设城市健身路径、体育公园。

随着近两年大众冰雪体育运动热情的高涨，我国冰雪运动场馆场地数量也在不断增加，满足了人民群众的冰雪运动健身需求。

需要特别指出的是，建设的体育场地设施应根据当地政府的经济能力、大众健身实际需求和当地特色文化风俗进行适当增调，场地建设的布局也应该是以方便大众锻炼、集体共享、全面覆盖、符合城乡空间规划为原则，尽量避免"面子工程""形象工程"。

2.加强场馆场地管理

大众体育场地场馆建设后为广大人民群众提供了必要物质条件，要持续促进群众体育活动参与，还要加强对体育场馆场地的科学管理，使体育场馆场地得到高效利用，使健身者得到良好的健身体验。

（1）一般管理。

①使用管理：包括体育场馆及各项体育设施、设备，以及与体育活动相关的水、电配套设施管理。

②安全管理：包括治安、消防、生产、卫生管理等。

③物业管理：包括综合体育馆、体育场地以及相应配套的商业网点，如酒店、超市、餐饮等的管理。

（2）维护管理。

①合理分类，设置账卡，详细记载。

②明确管理职责，做好安全警示，出现问题，严肃处理。

③提高防范意识，以预防为主，定期检查、监督。

④及时修理、更换破损。

第三节　全民健身服务实践体系的构建路径

一、全民健身服务实践体系的目标和原则

（一）全民健身服务体系的目标

根据《体育事业发展"十三五"规划》确定的战略目标和总体部署，结合城

市发展、城市建设、全民健身计划实施情况以及体育公共事业发展的现实，经过艰苦奋斗，营造良好的体育锻炼环境，提高居民的健康素质；初步建成全民健身服务体系，要创建一个科学、文明、健康的体育生活环境；做到设施基本齐全、指导基本到位、信息基本畅通，切实保障居民平等享有参加健身活动的权利，满足居民日常生活的体育需求。

（二）全民健身服务体系的原则

1. 科学性原则

构建的全民健身服务体系必须能够明确地反映居民体育需求与各指标的支配关系。指标体系的设置应有一定的科学性，应是实现体育需求的可行性路径。指标体系的设置要简单、合理，切实符合政治、经济、文化等的发展现实，能够有效地应用到全民健身服务实践中，充分体现出科学性构建原则。

2. 导向性原则

全民健身服务体系的构建要与城乡综合配套改革、全民健身工程、雪炭工程、群众体育健身工程等政策法规相协调、统一，具有鲜明的导向作用，能充分反映全民健身服务发展的目标和内涵。

3. 区域性原则

全民健身服务体系是一个区域性概念，应从区域范围的角度入手，采用宏观指标，即全民健身服务的规划体系、融资体系、供给体系、评估体系、监督体系等进行整体构建，在实践过程中，更要充分结合具体现实加以灵活运用，不遗余力地发展全民健身服务。

4. 特色性原则

全民健身服务体系的构建是一个特定地区体育事业的发展过程，在这个过程中，全民健身服务体系构建工作应体现对地方文化传统和生活习惯的尊重，应体现对体育民俗和体育文化的保护，要尽可能地按照当地的地理环境和居民长期以来形成的健身活动喜好去供给体育产品和体育劳务。

5. 均等性原则

均等化是当前政府和社会各项公共服务事业发展的目标。公共服务均等化就是人人都能享受到公共服务，享受公共服务的机会是平等的。全民健身服务主要依靠政府体育财政投入所形成的公共体育资源供给。在举国办体育的体制下，体育领域的财政支出不仅存在群众体育与竞技体育的严重失衡，并且不同社会群体在公共体育资源享有方面也存在巨大的差异。因此，这里强调的均等性原则并不是指所有居民都要享有完全一致的全民健身服务，而是在承认政治、经济、文化差异的前提下，保障居民都享有基础性的全民健身服务，即底线全民健身服务，保障居民对全民健身服务都有同等的满意程度。

6. 效率性原则

效率是指有用功率对驱动功率的比值，最有效地使用社会资源以满足人类的愿望和需要。公共部门的效率包括生产效率和配置效率，生产效率是生产或者供给服务的平均成本，配置效率是组织所供给的产品或服务能否满足需求者的不同偏好。因此，在全民健身服务体系的实践中应重视全民健身服务投入、产出及配置的问题，遵循效率规律。让更多的企业、社会组织及个人参与到全民健身服务活动中来，缩短体育公共产品供给的路径，使农村居民享受到更多、更好的体育产品和体育服务。

二、全民健身服务实践体系的要素

（一）技术要素

技术条件类是指全民健身服务所必需的公共体育场地、体育设施设备、体育器械等物质技术条件。健身服务是一种过程化服务，体育促进是一种无形产品，体育促进的经营主体只有依托于公共体育场地、体育设施设备和器材等物质技术条件才能实现体育产品的生产和交付，完成健身服务的过程。因此，公共体育场地、体育设施设备等物质技术条件是全民健身服务经营主体向全民提供健身服务的依托和基础，是全民健身服务体系的重要组成部分。

全民健身服务体系的技术条件又可以分为两大类：①体育场馆及附属用房（场地）等建筑设施类；②体育设施设备器材等专业设施类。

群众建筑设施包括各种体育馆、公共体育场，其中小的休息室、更衣室、洗浴室、咨询处、寄存处等既属于建筑设施也是服务设施。

专业设施包括生产和提供健身服务产品所必需的专业设备和专业器材，如乒乓球台（乒乓球）、保龄球道（保龄球）、综合（单一）健身器等。在健身健美、康复体疗、运动处方咨询等健身服务中，还需要有专业的测试设备。

作为健身服务的物质技术总则，无论是建筑设施还是专业设施，一般应该满足齐全、舒适、完好、安全四个条件。

设施设备的齐全既包括建筑设施的齐全，也包括专业设施的齐全。一座城市（地区）在规划体育设施的时候，首先要考虑的是体育建筑设施的齐全，更要依据群众喜欢的运动项目设定。作为一个具体的健身服务企业，不仅要考虑体育建筑设施的齐全，同时也要考虑专业设施的齐全，即既要有设计新颖美观的体育场地和服务性设施，也要有本项目所必需的各种专业设施设备器材。

公共体育场地设施设备的舒适程度是衡量全民健身服务体系功能状况的重要指标，是提高健身服务质量的重要因素。公共体育场地设施设备的舒适程度一是取决于设施设备的配备档次（在建设体育场地的时候就要重视设施的选购配备）；二是取决于设施设备的维修保养（平时要加强设施设备的使用管理和维修保养）。

公共体育场地设施设备的完好程度直接影响健身服务的质量。如果公共体育场地地板开裂、场地不平、灯光不明、座椅破损，或者没有休息、寄存物品的地方，即使体育锻炼激烈精彩，也会使全民健身服务的质量大打折扣，让群众不满意。所以，体育相关政府部门必须保持设施设备的完好，以避免因为设施设备的问题影响全民健身服务的质量。

安全包括公共体育场地及附属用房（场）等建筑物的安全，体育器材器械等专业设施的安全，健身活动项目的安全以及群众的财物和人身安全等。建筑设施、专业设施、服务设施的安全等最终都是为了保证群众和健身服务人员的人身安全。所以，体育部门必须经常检查各类设施的安全状况，及时消除安全隐患，切实保证各类设施的安全，从而保证群众和健身服务人员的安全。

（二）职能要素

职能条件类是指全民健身服务所必需的服务人员，以及他们在履行服务职责时所采用的服务方式、服务手段、服务环境等。健身服务的生产与消费具有时空一致性的特点，生产的过程既是消费的过程，同时又是健身服务人员和群众接触、交流、沟通的过程。体育群众消费者对健身服务质量的感知，不仅取决于物质技术条件，同时也取决于体育企业的职能条件。只有物质技术条件和企业职能条件紧密结合，共同发挥作用，才能实现体育产品的生产和交付，完成健身服务的过程。因此，健身服务人员、服务技巧等职能条件是全民健身服务经营主体向消费者提供健身服务的保证，和物质技术条件一样，也是全民健身服务体系的重要组成部分。

全民健身服务体系的职能条件也可以分为两大类：①健身服务人员及其服务能力等服务技能；②服务项目、环境、卫生等服务环境类。

服务技能包括健身服务人员的专业水平、服务方式、服务技巧、服务态度、服务效率、礼节礼貌、沟通能力等。健身服务是无形的，服务推广的过程就是服务人员和消费者打交道的过程。在这个过程中，健身服务人员的服务技能将直接影响消费者对服务质量的感知。

专业水平全民健身服务的服务人员包括运动员、教练员、裁判员、社会体育指导员以及与全民健身服务有关的人员。健身服务人员的专业水平是服务技能的核心内容，也是全民最为关心的问题，对全民健身服务的质量起着决定性的作用。我们经常看到有的健身健美俱乐部顾客盈门，有的则门庭冷落，除了其他因素，技术指导人员的专业水平起着很大的作用。所以，全民健身服务的经营主体必须努力提高服务人员的专业水平。

服务态度是提高服务质量的基础。服务态度取决于服务人员的主动性、积极性和创造精神，取决于服务人员的综合素质、职业道德和敬业精神。良好的服务态度表现为主动、热情、周到的服务。健身服务是一种接触性很高的服务，亲切和蔼、表情愉悦、态度友好的服务人员，会给消费者一种信任和安全感，可以减轻消费者因某种不便或技术出问题产生的不满和怨言，有助于服务人员与消费者的沟通，有助于拉近服务人员与消费者的距离，有助于体育企业建立良好的形象。

服务方式与服务技巧是提高服务效率和服务质量的基本前提和技术保证。服务人员的礼节礼貌、沟通能力也是服务方式与服务技巧的内容之一。服务方式、服务技巧与服务态度相辅相成，共同作用，形成良好的服务。再好的服务态度也不能取代服务方式与服务技巧，同样再好的服务方式与服务技巧也不能代替服务态度。服务方式与服务技巧取决于服务人员的专业知识和技术水平。因此，全民健身服务不仅要加强健身服务人员职业道德和敬业精神的教育，更要加强服务人员服务方式与服务技巧的培养。

服务效率是劳动量与劳动成果的比率。健身服务的效率是全民健身服务体系功能的集中表现，取决于健身服务人员的专业水平、服务态度、服务方式与服务技巧，反映了健身服务企业的精神面貌和风格，是优质服务的核心，是服务质量最重要的组成部分，既关系到群众对服务质量的感知和评价，也关系到健身服务企业的形象和效益，应该引起体育部门的高度重视。体育企业应当加强服务人员的经常性培训，提高专业水平，改进服务方式，改善服务态度，从而提高服务效率。

服务项目包括体育产品的生产经营主体向群众提供的服务项目，如体育场地等消费场所内外的清洁卫生状况、环境氛围等。服务项目可以分为基本服务项目和附加服务项目。基本服务项目指在服务指南中明确规定的，所有群众都可以享受的服务项目。附加服务项目指个性化的服务，即部分群众需要的，不是每一位群众都需要的服务项目。健身服务企业应该在条件允许的情况下，尽可能设置齐全的服务项目，满足不同消费者的需要，使消费者感到便利、舒适、温馨、安全，有一种宾至如归的感觉。

卫生状况是指公共体育场地内外的干净、整洁、卫生程度，主要包括场馆场地卫生、设施器材卫生、服务用品卫生以及服务人员的个人卫生。卫生状况反映了健身服务的服务意识和管理水平。群众都愿意到卫生状况良好的公共体育场地观看比赛、参加锻炼或休闲娱乐，没有人愿意到池水浑浊的游泳馆游泳，也没有人愿意到异味刺鼻的健身馆健身健美。所以，增强服务意识，提高管理水平，保持公共体育场地内外良好的卫生状况，对于健身服务部门来说，同样是非常重要的事情。

环境氛围是指健身服务部门向消费者提供服务的场地和场所给消费者的视觉感受和心理感受。环境氛围包括两方面：一是公共体育场地所处的地理位置和周围环境。公共体育场地所处的地理位置远近适中、交通便利、来去方便，周围树绿花红、空气清新、环境优美，可以吸引更多的消费者。二是体育场馆内部的环境状况。专业设施设备是否齐全完好，摆放布置是否美观合理，场馆内器材、用品是否干净卫生。

（三）保障要素

体育设施是建筑物与空地以及健身活动场所设置的设备总称。体育设施是体育事业发展最基本的环境条件，群众体育设施是群众体育的场所。在各式各样的群众体育设施里，每个人都在寻找、挑选、修正与实践着自己的运动方式。体育场地设施的保障是制约群众体育开展的关键因素，为了满足群众的体育健康需要，应该从两方面加以重视与管理：其一，灵活运用现有的体育设施与场地，充分提高利用率；其二，要科学建设多层次、多功能、多元化的设施网络。

1. 设施保障要素

（1）统筹规划，构建群众体育生活设施保障。

依据现代城市群众健身活动的发展现状，体育设施应当满足群众日常生活、闲暇时间等的体育运动需要。因此，城市群众的健身活动设施主要围绕在社区层次中。

（2）构建完整、完善的社区体育设施。

在社区体育设施的建设中，要不断完善体育健身场所、社区公共场地以及社区健身中心、俱乐部等。

①建设完善的群众体育健身苑：体育健身场所是指建设在居民附近的户外体育运动设施，占地面积一般较小，设施建设简便易学，正是它所具备的方便、实用等优势，使得体育健身场所在群众的健身服务体系中发挥了重要的作用。具备户外特征的社区体育设施常受到人为、天气等因素的损害，故要定期对其进行更新和维护，确保体育设施的可持续利用。另外，社区体育设施的建设要严格遵照建筑安全和规划规定，在保证充足的预留共用场地基础上，增设和完善居民周边的体育运动设施，为群众晨、晚锻炼活动提供便利的环境。

②加强对社区公共场地的建设：为了弥补体育健身苑面积小、体育设施简单的不足，可加强对社区公共场地的建设，在面积相对较大的场地可以增设适合老年人、青少年、中年人等更多健身人群的体育锻炼设施。可采取以下措施进行改进：在城市规划和建设用地时，要充分考虑公共场地的预留问题；在占地面积较大的体育健身苑地，适当地增设适合群众身体发展特征的体育器械，拓宽健身苑地的功能和价值，这种拓展与优化方法可以缓解目前城市土地紧张的现状；政府部门可通过调控，使更多的企事业单位所属的体育设施对外开放；下达相关政策，使群众尽量能够免费或最低消费地获得体育健身的需求。

（3）与社区卫生服务部门协同建设社区健身康复中心。

在社区建设健康康复中心，要使群众将体育健身、康复训练、娱乐休闲、卫生保健等活动融为一体，逐步完善适合群众体育健康的促进服务。体育设施的建设应当与社区卫生中心相结合，与老龄委等部门协同规划科学合理的健身康复中心，并统筹管理和组织健身中心的发展，通过多部门的合作与管理，充分发挥出健身康复中心的功能，彰显出"中心"的最优化价值。

目前，我国的医疗卫生体制逐渐完善和改良，其中有一项措施就是加强对社区卫生服务的建设和管理，从而形成分级医疗、双向转诊的医疗体系。群众常见慢性疾病的康复是社区卫生服务中心的重点服务内容，因此联合社区卫生服务中心共同建设健身康复中心已发展成为当今建设体育中心服务的发展趋向。社区健身康复中心的功能不仅对群众的身体健康具有促进作用，还为慢性疾病的康复治疗提供了便利的锻炼环境，具有明显的促进效果，同时，也可以充分了发挥资源共享、互助互利的原则，与社区卫生服务相结合，在社区体育建设中心设置群众健康评估室、体检室、体育康复室等专业医疗部门，从而为群众进行科学的体育锻炼提供咨询与指导。

（4）充分开发体育设施的功能。

若想更深一步发挥体育设施的功能，就需要在合理管理的基础上，进一步对群众常利用的健身路径、公园、社区、公共活动中心等场所的设施进行开发和改造，拓宽其建设范围，发挥其多元化功能，这是目前解决群众健身活动场地紧张的最佳方法。例如，经过实践调查发现，许多群众对社区等健身器械的单一性训练内容感到枯燥，这在很大程度上消磨了群众的锻炼积极性，为了增添体育锻炼内容，可建设诸如乒乓球台、益智类等设施。另外，针对晚上健身活动的群众，应增设适当的照明设施，从而为体育健康服务创造更优越的环境，这些措施在一定的锻炼空间中开拓了更大的利用空间。除此之外，还可以通过政府调控政策，鼓励更多的企、事业单位对外开放体育设施资源，为群众的体育健康服务提供便利。

为了进一步促进体育设施的开放程度，地方政府可以对所属公共体育设施服务的机构采取相应的"购买服务"措施，为群众提供补助与便利。政府部门可以根据体育设施服务机构所承担的开放类别、项目、数量和时间，来准确衡量成本经费，并由政府部门予以补助，这不仅促进了体育设施的开放，还提高了服务质量。总之，随着现代生活水平和经济的逐步提高，国家和相关政府部门应该高度重视为全民健身服务提供的扶持，保证体育健康设施的逐渐完善。

2.资金保障要素

充裕的资金是保障群众体育健康体系的基础，关系到健康服务体系是否能正常运营，资金的保障特性是由现代经济社会决定的。为了推广全民健身服务的发展，并充分利用社会的一切有利资源，需要有充足的资金作为基础。

一般来说，群众体育资金的来源保障分为直接投资和间接投资两个渠道。直接投资是指直接经济投资，如财政拨款、社会集资，间接投资是指没有资金的直流流动，是政府通过制定和实施各种优惠政策，目的是鼓励和促进社会各界对群众的关心与支持，发展群众体育。

（1）直接投资。

①政府体育投资：政府体育投资包括中央政府体育投资与地方政府体育投资，国家投资是群众体育发展资金最主要、最直接的来源。随着社会的发展，政府的体育投资在国家预算中的比重将越来越大，呈上升趋势。体育拥有促进社会生产，活跃人民文化生活，推动市政建设和文化教育事业发展的作用，因此许多国家的地方政府乐于体育投资，在西方国家政府对大众体育的投入中，地方政府的投入远远超过中央政府。

从目前全国整体情况来看，我国用于开展群众体育方面的经费少，全国人均体育经费偏低，地方政府体育投资比例仍然处于较低水平，尤其是经济不发达地区体育经费匮乏问题尤其显著。另外，由于全国各地区经济、社会、文化发展不平衡，地区间体育的投入差距很大，经济发达省市地区的投入超过经济欠发达或贫困地区，东部地区多于西部地区。经济上的投入直接影响到一个地区体育运动的发展水平。经济发展好、市场开放程度较高的地区，地方政府资金投入较多，群众体育组织"自我造血"能力也较强，群众体育开展较广泛。相比经济发达地区，有些地区甚至连温饱问题都没有解决，群众体育运动自然得不到重视。如此一来，地区间群众体育发展基础的差距会越来越明显，不利于我国体育运动发展。

因此，随着国民经济的发展，适时适量地增加体育经费，合理配置，是加快发展我国群众体育事业发展的必要条件之一。理由有以下三个方面。

第一，我国体育的基础差、底子薄，仅就体育场地的建设而言，我国公共体育场地数量不足、设施陈旧落后的状况相当严重，体育和其他事业一样，要打好基础，逐渐发展，任务十分艰巨。

第二，我国现阶段经济发展水平有限，社会能够提供给体育事业的资金也很有限，不能满足体育事业发展的需要，故仍需以国家拨款为主。

第三，现阶段体育事业发展不平衡，就其内部结构而言，竞技体育的发展与学校体育、群众体育的发展相比，具有一定的超前性，加上竞技体育在市场经济中的广泛宣传效应，因而社会提供给体育事业的资金内部结构比例也存在很大的差距，竞赛体育中的投入资金比例远大于对学校体育、群众体育，即便为学校体育和群众体育投入资金，其中的绝大部分也是用于竞赛活动，为适应广大群众对体育的需求，需要依靠国家拨款加以调整。

②社会体育投资：在我国群众体育投资结构中，政府投资是群众体育投资的主体，社会投资所占比例较小，这在某种程度上反映出我国群众体育存在资金来源单一的问题。在当前国家财力有限的情况下，如果我们仍沿袭过去"等、靠、要"的传统思想来开展群众体育是行不通的，因此我们必须拓宽渠道，把国家拨款和社会集资有机结合起来，实现群众体育资金社会化、多元化。社会集资的主要途径包括居民消费、企业赞助、社会各界捐赠和资助、发行体育彩票、大力发展群众健身服务业、建立体育基金等。

第一，居民体育消费指的是为满足居民个人生活和健身需要耗费的体育物质产品、体育劳务产品和体育信息产品，它是大众生活的一个方面，是社会生产力发展到一定阶段的产物。经济的好坏，社会产品的丰富与否，人民物质生活水平的高低，直接影响着体育消费的发展，制约体育消费的形式。在我国群众体育的经费来源渠道中，居民的体育消费所占比例相对较小。造成这种情况的原因是多方面的，首先，我国社会生产力发展水平较低、社会经济相对落后，这是影响我国体育消费程度的重要因素之一。其次，我国人民的消费观念、消费意识和消费结构还没有转变，广大的城乡居民消费观念十分保守，思想上顾虑较多。最后，我国群众健身活动社会化程度较低，表现为体育人口少、健身活动场地有限，在很大程度上限制了群众体育消费。因此，我们应当加强体育消费行为的舆论宣传力度，培育健康意识，正确引导体育消费行为，鼓励大众化的中、低层体育消费，倾注精力来扶持群众的体育消费市场。

第二，体育赞助是指为体育赛事、运动队、公共体育场地或公益性健身活动等提供一定数额的现金、实物、技术或相关劳务等支持，赞助使体育与企业获得了双赢，赞助是合作双方各取所需、相得益彰之举。

第三，社会捐资是指个人、企业、社会团体对群众体育以资金或实物形式的捐赠与赠予。捐赠不同于赞助，捐赠是不附加任何回报条件的无偿赠送。捐赠款项的单位数额一般不多，零星分散，在举办各种群众健身活动时，尤其在举办较大规模活动时，社会捐资仍是一种必要且重要的集资方式。目前，我国设立了"全民健身专项资金""体育设施建设与维修专项资金"等专项基金，能够逐步增加资本积累，为扩大再生产创造良好的条件，保证体育事业发展的重点需要。

第四，体育彩票。发行体育彩票是国际流行做法，它是依靠群众筹集体育资金的有效途径，是走向体育市场投资多元化的一种形式。体育彩票的发行在很大程度上缓解了体育资金需求增长与国家投入不足的矛盾，正因如此运用发行彩票的方式吸收社会游资，弥补国家财力不足，推动体育事业发展，成为越来越多国家普遍采取的措施。发行体育彩票不仅可以筹措部分体育经费，扶持地方体育建设，还能增强全民体育意识，解决部分人的就业问题。同时，也有不利之处，彩票会助长一部分人投机的侥幸心理，出现一些违规操作等问题。因此，规范彩票市场，加强彩票管理，对于推动体育彩票长期稳定地发展，保障群众体育持续稳定的资金来源是十分重要的。

（2）间接投资。

在体育经济政策的调整变化中一个明显的趋势，是世界许多国家对体育运动发展的经济支持，从单一的财政拨款向"点金术"的角色过渡。政府所谓的"点金术"就是指对那些致力于推动和促进我国体育事业发展的社会力量（包括企事业单位、社会团体、个人等）实施经济优惠政策，如资金优惠、税收优惠、土地优惠、人才引进优惠等。政府提供各种优惠政策，调动和提高了社会力量对体育投资的积极性，从而拓宽了集资渠道，推动体育经费的来源渠道多元化发展。具体措施一般包括。

①贷款援助：贷款是银行信贷资金运用的主要形式，也是群众体育产业发展初期获得外部资金的主要方式。政府一般以贷款担保、贷款贴息、政府直接的优惠贷款等为主要方式，帮助群众体育经营机构获得贷款，为其提供启动资金。

②财政补贴：财政补贴是财政分配的一种特定形式。它是国家为了特定的目

的，在经常性财政支出之外，对经济组织和劳动者所实行的一种临时性、局部性的补助支出。一般采用价格补贴和就业补贴两种形式。

第一，价格补贴。为了扶持群众体育的发展，使之有个良好的起步，价格补贴不失为一个好的手段。体育场地、运动设施的建设需要一定的投资，经营者往往为了尽快收回投资或贷款，把消费费用定得较高，使普通消费者难以长期承受，这必然阻碍群众体育健康发展。如果政府在初期能够给予价格上的补贴，使门票等价格降下来，这样就可以吸引更多的人去消费，从而带动群众体育发展。

第二，就业补贴。这种补贴方式是通过为员工提供上岗培训、社会体育指导员资格培训等费用，对一些公益性的群众体育组织实施补贴。

③税收优惠：税收优惠是最直接的资金援助方式，通常主要采用降低税率或减免税收等手段，在我国群众体育产业发展初期，国家采取降低和减免营业税、所得税等形式，鼓励更多的企业、个人参与群众体育产业经营开发，是一种有效的资金扶持手段。

④其他公共政策：为了保障体育的投入，加快体育发展，政府制定了其他一些公共政策。例如，在城市社区建设中，对社区运动场所应达到的面积、群众健身运动场所的标准等进行规定，通过对经营决策做出某些限制，解决社区居民运动场地建设、经营、管理和维护的问题；规定各级政府要把体育事业经费、体育基本建设资金列入本级财政预算和基本建设投资计划，此外有些省市规定各级财政对体育事业的资金投入，每年增长幅度应高于经常性财政支出的增长幅度。

3.资金使用要素

由国家体育总局、财政部、中国人民银行三部门联合发文规定，体育总局安排体育彩票公益金的60%用于落实《全民健身计划纲要》,40%用于弥补落实"奥运争光计划"，由此就有了后来人称六四开的体育经费分配计划。从近年体育资金投放比例看，健身计划在各级体育部门的体育经费中所占的比重在大幅度增加，用于"全民健身计划"的资金远超于"奥运争光计划"，群众体育运动受到重视。群众体育资金的使用一般分为两个部分。

（1）一般事业。

包括负责群众体育运动的体育行政机关、各单项协会以及省市各单项协会人员工资、行政补助与事业费。

（2）特定事业。

1995 年，国务院颁布实施了《全民健身计划纲要》，是在深化体育改革的实践中提出来的重大举措，旨在加强全民健身工作，提高中华民族整体素质。近几年我国群众体育，除行政费用外，其余大部分资金都用于实施全民健身计划，各级群体部门切实把推行全民健身计划作为工作重点，保证全民健身计划的顺利实施，《全民健身计划纲要》中的第一、二期工程已经基本实现。资金的使用主要分为场地、组织、活动三个环节。

第一，建身边的场地。体育场地是群众从事体育健身活动的基本条件，近几年在改善群众健身活动条件方面做了大量工作，最直接的一个途径是建设"全民健身工程"。按项目种类、特色、人口和地区规模等大体分为四类：第一类，建设"全民健身路径"，包括以室外综合健身器材为主要内容的普通型"全民健身路径"和以运动项目为主体的专项型"全民健身路径"。第二类，建设"全民健身中心"，根据地域范围或人口数量可分为四个层次，即建居民小区级的"全民健身中心"、街道级的"全民健身中心"、市辖区级的"全民健身中心"和城市级的"全民健身广场""体育主题公园"等。第三类，建设"雪炭工程"。重点扶持西部地区、三峡库区、老少边穷地区、资源枯竭地区和大工业基地等体育设施建设，推动这些地区体育事业的发展。第四类，建设"全民健身活动基地"。主要用于群众体育设施、西部雪炭工程（14 个资源枯竭地区、经济不发达地区）的建设。

第二，抓身边的组织。体育组织是开展群众体育工作的保障，如何扩大和提高群众体育组织建设及其发展的规模和水平，是影响群众体育事业发展和构建群众健身服务体系的一个重要因素。在群众工作中特别要加强遍布城乡、直接服务于群众的体育指导站点、晨晚练站点、社会体育指导员、群众体育组织（街道办事处）、群众体育俱乐部等的组织建设。

第三，搞身边的活动。开展群众性健身活动是深入实施《全民健身计划纲要》二期工程的具体措施。离开"活动"，体育工作就失去了生命力。选取开展的项目一般要符合四个基本条件：覆盖面广（在全国或大部分省区市开展）、参与人数多；已形成传统，定期开展，效果明显；有一定的群众基础，影响力大，起到了一定的示范作用；资金不足，采取社会资助的形式较困难。在开展群众健身活动方面重点搞好"四类活动"：第一类，做好具有影响力、号召力、轰动效应的"品牌"活动，通过"品牌"活动，造声势、造影响，从而达到强化和提高群众的健身意识，动员和吸引群众参与健身活动的目的；第二类，做好具有特色的活动，如湖南省以湘江一带为纽带，组织的龙舟、划船等特色运动项目，此类活动目前主要由社会体育指导中心负责组织，市场培育较好，能够自给自足；第三类，做好广场和公园健身活动；第四类，做好民族民间传统健身活动。

4. 资金分配要素

由于公共资源的有限性，政府公共投资不可能照顾社会的各个方面，如何合理地分配和使用有限的群众体育资源，最大限度地提高资金使用效益就成为关键的问题。

一般来讲，西方经济学中评价经济状态的标准有两个：一是公平，二是效率。在效率与公平之间做权衡选择时，我们更多的是以分配合理化为原则，在相对平等的前提下追求较大的效率，或者在某一个既定公平目标的前提下，使效率上的损失最小。

在群众体育资源的分配与使用上，应该考虑到区域体育发展格局，从实际出发，梯度推进。鼓励经济发达地区率先进行群众体育现代化探索，抓住体育运动特色项目的有利时机，积极支持各地区和民族地区发展体育，同时给予贫困地区和弱势人群更多的资金扶持。对于那些经济基础好的地区与组织，更多地给予政策支持，通过一些经济政策鼓励"自我造血"，自主推动群众体育运动发展。

（四）组织管理体制要素

全民组织管理体制是指群众体育管理体系与运行机制的总和。20 世纪 80 年代以来，随着我国政治体制改革领域中的政府职能转变，政企分开与权力下放，经济体制改革领域中企业自主权在扩大并成为自主经营的经济实体，劳动、工资和社会保险三项制度改革；社会福利领域中职业福利待遇与福利政策模式转变，社区服务业兴起与蓬勃发展等，共同促进了我国城市社区发育与社区发展。同时，随着我国资源配置结构的变化，我国的社区群众体育治理结构也在发生着变化，即逐渐由传统的以政府行为为主的街居制向以政府指导帮助、社会和民间行为为主的社区制转变，伴随着这一转变，我国群众体育的管理体制也必将发生改变。

1.群众体育组织管理的原则

在管理过程中，原则是管理主体行为必须遵循的行为准则。群众体育管理的基本原则即群众体育管理的主体活动的基本准则，群众体育是以满足群众的身心健康需求为主要目的的群众性健身活动，其管理原则应主要围绕着实现这一目标来制定。具体来说，我国群众体育管理的基本原则如下。

（1）人本原则。

群众体育的开展要以人为本，要把群众体育真正作为社区内广大居民群众的一项事业来抓，充分调动社区居民在群众健身活动和建设中的积极性、主动性和创造性，要确立社区居民有自主选择和自我发展权利的思想。从较低的目标来看，群众体育要满足社区居民多方面的体育需求；从较高的目标来看，群众体育则是以追求"人的自由全面发展"为己任。因此，在群众体育管理过程中，应把满足社区居民的多方面体育需求作为开展社区各项健身活动的出发点和归宿，因为群众体育的服务对象只能是社区内的广大居民群众。

（2）服务原则。

群众体育是以满足社区成员的体育需求，增进群众的身心健康为主要目的的群众性健身活动。从本质上讲对这种健身活动的管理是非管制的，群众体育从产生开始，就是以提供服务为活动的主要形式，因而群众体育管理应主要立足于服务上。根据社区居民的体育需求，充分利用社区资源，为社区成员提供公益性、福利性和互助性的服务。从当前情况看，群众健身服务主要包括场地设施服务、体育指导和咨询服务、健身活动计划服务和体育信息情报服务等。

（3）公益性原则。

群众体育的基本目的是提高群众的健康水平和生活质量，建立文明、健康、科学的生活方式，增强群众的社区认同感和归属感，促进社区发展。群众体育所具有的公益性和福利性的特点，决定了对群众体育的管理不是以营利为目的，因此应把追求社会效益放在首位，虽然群众体育中有时需要收取一定的费用，但社区体育更多的是无偿或低偿服务。

（4）因地制宜原则。

社区之间存在着较大的差异，因此在群众体育管理中应坚持因地制宜原则，即各社区一定要以本社区的经济发展水平和本社区居民的实际需要为出发点，量力而行，制定出适合本地区的社区体育工作计划和群众健身活动内容。例如，在体育场地设施的利用方面，可采用以下四种方式：充分利用辖区单位已有的场地；充分利用辖区的公园、广场；充分利用辖区的江、河、湖岸及水域；将辖区一切可利用的空地开辟成健身活动场地。

（5）自主性原则。

群众体育是一种居民自愿、自主的健身活动，对这样一种健身活动的管理要以自主管理为主。社区内的各种体育组织均为自治性组织，群众应成为群众体育事务的管理者，承担群众体育的管理应充分发挥群众体育骨干及全体群众的积极性和主动性，采取各种激励措施激发居民的体育动机，提高居民的体育兴趣，以实现自主管理。

2. 全民健身管理发展的途径

（1）大力开展群众体育的宣传教育活动，使群众体育意识深入人心。

舆论是行动的先导。要大力发展群众体育，就必须切实重视对群众体育工作的宣传。如前所述，当前我国群众对体育参与不足的主要原因，除了生活琐事、场地设施不足，更主要的在于群众对健身活动的认识不足，体育作为人们社会生活中不可或缺的一部分，并未被所有的群众所接纳。为此应使社区体育的管理者、社区居民都充分认识到开展群众体育是不断提高社区成员生活质量不可或缺的重要组成部分。群众体育宣传的方法多种多样，常用的有如下三种：一是利用社区宣传媒介，如社区有线广播、有线电视网络；二是通过组织各种健身活动进行宣传；三是在开展社区文化活动过程中，安排一些健身活动内容，对居民进行宣传；此外还可以通过举办一些专题健身知识讲座，以提高居民对开展社区体育的认识；等等。

（2）搞好群众体育产业，促进群众体育与经济的结合。

群众体育的正常开展，必须有人、财、物、时间等，其中资金是开展社区体育的物质保证。关于资金的来源不外乎三个方面：一是政府的投入，二是各种社会捐助，三是利用社区现有资源的开发创收。现阶段我国正处于社会转型期，社区体育的开展应发挥政府投入的主渠道作用，逐步改善群众体育设施不足的现状。特别是要鼓励和支持社区各界开发群众体育设施，向经营方向发展，搞好群众体育产业，培养群众体质健康的消费意识。这样，可实现群众体育事业与企业经济发展的互动，既提高了企业的声誉，又为群众体育发展提供了场所和经费。

（3）促进民间体育组织的发展，加强群众体育的指导。

随着我国社会经济的发展，城市社区人口的异质性程度加大，社区中不同人群的体育需求差异加大，群众体育缺乏指导这一问题将会更加凸显。因此，需大力加强群众体育的指导，充分利用社区的非营利性组织开展群众体育，以群众健身活动站、点为龙头，以社区各街道、居委会、住宅小区为活动阵地，以为社区居民搞好服务为基础，大力开展社区居民体育健身活动。

三、全民健身服务实践体系的构建

在多元经济背景下，全民健身服务照搬发达地区的发展模式以求得跨越式的进步是不切合实际的。因为地域、资源、经济、文化等诸多差异，迫使全民健身服务必须探索一条特有的发展路径，以改善居民的体育环境，提高生活质量，满足全民健身服务需要，促进政治、经济、文化的协调发展，从而实现共同繁荣。

（一）政策基础

1. 健全体育立法

加快推进《体育法》《关于加快推进公共健身服务体系建设的指导意见》等全民健身服务相关法律法规的制定、修改与完善。将全民健身服务体系运行好的省市、地区、农村的有益经验及做法形成文件，方便其他地区参考，做到有据可查，有法可依。2018年，我国人均GDP突破10 000美元，这一时期既是"黄金机遇期"又是"矛盾凸显期"，是走向繁荣富强文明还是走向落后贫困动荡的分水岭。制定的政策法规要充分考虑各种容易诱发社会矛盾的不和谐因素，以建设新城市为契机，扩大全民健身服务的覆盖范围，提高全民健身服务水平。

2. 制定鼓励政策

全民健身服务是一个政府领导、部门组织、行业合作、社会参与的多元服务体系。因此，应制定相应的鼓励政策，吸引社会、企业、个人参与到全民健身服务的整个流程中来，发挥他们的功效，以提高全民健身服务质量。

3. 推进工程建设

目前，"体育健身工程""全民健身路径工程"和"雪炭工程"等体育工程建设陆续出台，应发挥多项工程联动作用，继续做好全民健身计划下一期工程的实施工作，改善和提升体育基础条件和服务能力。

（二）明确政府职责

政府是全民健身服务的主体，这个主体并不单为全民健身服务供给主体，还是全民健身服务过程的责任主体，即融资、供给等均可为政府、企业、社会组织、个人等提供多个主体，政府作为责任主体主要承担整体统筹、政策扶持、任务分工等工作。因此，全民健身服务规划，要合理界定政府、市场、社会在全民健身服务供给中的功能与定位，明确了解政府的角色与职责，优化全民健身服务市场化、社会化的制度环境，形成全民健身服务的职责体系。确定哪些工作应由政府承担，哪些工作可以通过市场来完成，哪些由市场完成的工作政府应该给予鼓励、补贴或政策倾斜。

（三）引进多元的投入

1. 体育设施的投入

由于我国人口众多、分布较广且地域复杂，体育设施建设耗资较大，因此该项投入仍考虑以政府投入为主体。首先，政府要把全民健身服务设施建设纳入经济社会总体发展规划，纳入工作部署，纳入公共财政支出预算，政府要优化财政支出结构，加大财政对全民健身服务的投入力度，不断提高全民健身服务支出占财政支出以及 GDP（Gross Domestic Product，国内生产总值）的比例。其次，改革和完善财政转移支付制度，政府财力更多地向农村、落后地区和困难群体倾斜，加大力度推进基本全民健身服务均等化。最后，以制度化形式，使公共财政和体育彩票收入按一定比例进入公共服务建设过程。

2. 体育器材的投入

体育器材的投入应重点考虑体育器材生产企业，制定扶持体育公共事业发展的税收政策，吸引体育器材生产企业加入体育公共事业中来。同时，创造优惠条件吸引社会各方力量投资兴办公共体育实体，建设公共体育设施，提供公共健身服务。

3. 健身活动的投入

健身活动主要是大型健身活动、赛事的举办，政府可以实行招标制，委托中标的中介组织来承担。资金的投入一方面可以考虑使用部分政府投入的全民健身服务专项经费，另一方面可以考虑吸引部分乡镇企业及成功人士的赞助。

4.体育管理的投入

对于体育设施管理、健身活动组织管理、体育锻炼组织管理、体育健身指导、体质健康监测等管理工作，一是可以运用政府投入的全民健身服务专项经费，二是扩大城市全民健身服务的影响，吸引广大体育教师、医院医生志愿加入城市全民健身服务事业中来，无偿贡献他们的体育劳务。

（四）建立供给标准

1.建立以乡、镇为单位的最低全民健身服务标准

根据经济条件、社会发展的体育需求，制定经费保障、场地设施、健身活动、体育组织、健身服务、信息传播等基本全民健身服务的最低供给标准，并依据该标准提供体育公共服务。

2.适时调整全民健身服务标准

根据各乡、镇、村经济条件的不同以及形势的发展变化，适时调整全民健身服务标准，形成全民健身服务标准和居民体育需求的良性互动。对于全民健身服务，有的地方可以高于全民健身服务最低标准，有的地方甚至可以执行与城市社区相同的标准，一切均依具体情况而定。

3.强化监督管理

全民健身应设置专门的监督机构，为建立科学的健身服务提供绩效评估体系，确保全民健身服务体系的可持续运营。监督全民健身服务管理部门后续的完善计划及其执行情况，周而复始，形成良性的考核、评估、反馈、监督机制。注重全民健身服务的产出和结果，提高全民健身服务的效率和质量，以促进全民健身服务水平的提高，并让居民参与到监督系统中来，通过问卷调查、会议调查、电话访谈、走访访问等途径关注居民对全民健身服务供给的满意程度。

四、全民健身实践服务的供给系统

作为组织安排者，政府应对全民健身服务融资和预算、数量和质量做出相关的安排，并选择最合适的主体和工具提供全民健身服务。作为直接的提供者，政府应直接向社会成员提供所负责的全民健身服务。作为一个管理者，政府有义务

制定全民健身服务规则和标准，同时加以严格的管理。因此，强化政府全民健身服务职能，涉及全民健身服务的提供主体、工具和过程三个方面。

（一）全民健身服务的提供主体

全民健身服务的提供主体是提供全民健身服务劳务或全民健身服务产品的组织或实体。全民健身服务提供主体提供的服务是能够满足大众的各种体育需求，相互联系、相互影响的要素组成的有机整体，这些要素构成了全民健身服务体系建设的基本结构，它们相互联系、相互作用、相互依赖、共同影响着体育事业的发展。政府、企业或第三部门都可以成为全民健身服务的提供者。政府部门包括直接向社会公众提供服务的各种政府职能机构。根据国外全民健身服务经验和国内政府职能转移给社会组织已取得的实质进展和效果看，城市体育社会组织具有为广大市民提供公共健身服务的能力，是承接体育行政部门服务职能转移的载体以及参与全民健身服务建设的重要力量。因此，城市社会体育组织是实现全民健身服务社会化，承接政府全民健身服务职能转移的理想对象，培养扶持其成为全民健身服务提供主体，是解决目前政府在全民健身服务中提供总量不足、主体单一的有效方法和必由之路。

（二）全民健身服务的供给设施

全民健身服务的规范和监管，伴随着居民体育消费需求结构的层次化以及全民健身服务需求的多样化，我国传统的全民健身服务，由政府通过财政税收和公共支出向社会直接提供体育公共产品和服务的单一供给方式，已无法满足城市居民的全民健身服务需要，客观上要求全民健身服务供给主体、供给方式呈现多样化和动态化。因此，应不断拓宽全民健身服务供给设施的途径：如政府直接提供、政府生产、政府补贴或购买、私人提供等。

（三）全民健身服务的供给环境

环境是影响生物机体生命、发展与生存的所有外部条件的总体。全民健身服务的供给环境即影响全民健身服务供给的所有外部条件的总和。全民健身服务供给环境是全民健身服务系统的重要影响因素，也是全民健身服务良性运行的重要保障。全民健身服务的供给环境包括政治、经济、文化、法律、公民的需求变化、人口数量以及质量、科学技术发展水平。不同的环境要素均会对全民健身服务供给产生一定的影响。

（四）全民健身服务的供给客体

全民健身服务的供给客体即全民健身服务的对象为全体社会公民，是中国法律规定享有权利和承担义务的人。公民一方面应当具有公共精神和公共意识，另一方面应当积极参与政治生活并承担相应的政治责任，在政治生活中既有主动的参与也有被动的服从。既然全民健身服务的供给客体为全体公民，那么全民健身服务供给过程要力求保证每位公民享有全民健身服务权利的均等性，没有性别、职业、年龄、区域等的差异，即无论男或女、老或少、白领或蓝领、城镇居民或农民、健康者或残疾人，他们都享有同样的全民健身服务的权利。由于我国还处于政治体制、经济体制改革阶段，全民健身服务均等化供给还没有建立起来，全民健身服务区域不均衡、阶层不均衡、城乡不均衡的现象是大量存在的。现阶段的任务应该落实于使全民健身服务的供给客体，因自身不同的全民健身服务需求得到相同程度的满足。

（五）全民健身服务的供给评估及反馈

全民健身服务的供给评估及反馈是对全民健身服务的供给过程进行客观评价、客观反映、客观回馈，以不断完善全民健身服务供给的环节。了解全民健身服务供给是否满足公众的需要，为今后完善相关政策，推进全民健身服务良性供给具有积极的作用。全民健身服务的供给评估要对供给质量、供给效率、供给种类、供给的针对性、供给的便利性、供给的及时性作出客观评价，并将评估结果如实反映给相关部门，努力做到全民健身服务提供规范化、控制规范化、结果规范化。制度化、规范化的供给管理流程，能够最大限度地保证公民全民健身服务需求的满足，保证公民基本权利的实施。

五、全民健身服务实践体系的运行

（一）城市社区群众健身服务体系

生态学家研究了生物界的生态社区，发现了生物之间存在着共生性和竞争性两种关系。城市社会学家们研究了人类城市社区之后发现，城市中的人们和各类组织之间同样存在着共生性和竞争性两种关系。从共生性的角度来看，不同的社区体育健身组织满足了社区不同的体育需求，共同提高社区的生活质量，各组织面临的环境和问题具有相似性。从竞争性的角度来看，不同的社区体育健身组织为了自身的生存和发展会相互竞争有限的资源。目前，社区中这些非营利性质的体育组织存在着对资源（场地、设施、经费）、市场（赞助、活动开发）、技术（指导员）、服务对象（会员）等的竞争。领导人、资源、竞争策略等的不同，最终会使一些组织逐渐衰弱至自然消失，一些组织蓬勃发展，有声有色。若体育公共服务与社区其他非营利体育组织能合作共生，避免恶性竞争的情况出现，有助于其更有效地为社区提供优质的健身服务，更好地融入社区。

1. 城市社区健身服务的特点

"社区"的概念，最先是由德国社会学家滕尼斯提出的。他在1887年出版的《社区与社会》一书中最先使用了"社区"一词，20世纪30年代由美国社会学家帕克引入中国。社区构成的基本要素概括起来有：①一定数量的人口；②一定的地域；③社区组织；④社区意识；⑤社区的生活设施。

社区体育健身是随着我国改革开放在社会体育实践中涌现出来的一种新的体育观念。最早由天津市河东区于1989年提出，当时是指以街道社区体协开展的各种体育文化活动，后来扩展为对所有区域性体育活动的统称。社区体育健身由五大要素构成。

社区体育健身组织负责确定目标，进行人、财、物和时间等资源的合理配置，建立社区体育健身内部要素之间以及社区体育健身外部环境的各种联系，从而构成统领社区的整合要素，对社区体育健身的发展起着主导作用。

体育场地设施、社区成员的共有余暇时间和活动经费是支持社区体育健身开展的必要条件，使社区体育健身在空间、时间和能源三个基本维度得到了立足点，是社区体育健身的支撑要素。社区体育健身的这些构成要素相辅相成，组成了完整的社区体育健身系统。

2. 城市社区健身服务体系

（1）社区健身服务的组织管理。

①社区体育健身的组织领导体系。从一个具体的社区体育健身公共服务部门

来看，它对本社区的体育行使着管理的职能，是管理的主体；对整个国家和社会的体育管理职能部门来说，它又是被管理者，是管理的客体。体育的管理包含了政府和社会对社区体育健身的管理，以及基层社区内部的体育管理两个层次。社区体育健身的组织领导体系包括领导体系、协调体系、操作体系三大组成部分，市、区、街道、居委会四个层次。各体系、各层次具有各自的职责，发挥着各自的作用，其中街道社区体协是现阶段社区体育健身主要的组织管理机构，体育活动点和体育辅导站是主要的活动性组织。

②街道社区体协的组织结构。街道社区体协也称街道文体协会，这种组织形式于 20 世纪 80 年代中期出现，是目前主要的社区体育健身组织形式。街道社区体协以街道辖区为区域范围，以基层政府派出机构——街道办事处为依托，由辖区各单位和下属各居（家）委会参与组成，采用理事会制度，机构附设在街道文教科、文化站或社区服务中心。它是一种街道辖区内的体育联合体。街道社区体协下设人群、项目体育协会、晨晚练活动站和居委会体育小组等。

城市社区体育健身以街道社区体协为主，其他区域性体协为辅，组织结构基层化十分明显。社区体育健身在横向上突破了以往群众体育"以单位为主、以条为主"的管理体制，纵向上使群众体育深入城市的基层，有利于形成"条块结合""以块为主"的管理体制。

（2）社区体育健身公共服务的基本环节和内容。社区体育健身的组织管理可以分为政府部门的宏观管理和基层社区内部的微观管理。

①政府部门的宏观管理：社区体育健身宏观管理涉及的政府部门比较多，有市区人民政府、体育部门、教育部门、民政部门、文化部门、城市规划部门等。

②街道基层社区内部的微观管理：街道办事处对辖区的社区体育健身具有领导、管理的职能，设置社区体育健身公共服务部门，配备体育干部；建立街道项目体协、人群体协等体育组织网络；选拔、培养体育指导员，提高体育指导水平；建立社区体育健身工作管理制度和工作档案；在体育部门的指导下，组织社区经常开展体育健身活动和竞赛活动，满足居民的体育兴趣和需求。

（3）城市社区健身活动的开展。建立统一、平等和有效的体育公共服务体制，是我国行政管理体制改革与发展的一个战略目标。目前，我们必须思考和探索的侧重点要放在实现这一战略目标的步骤和策略上，这就是近期体育公共服务的制度建设和实践路径选择的主要任务，也应该是学界探讨的主要问题，体育促进服务的重点就是组织和开展适合健身的活动。

①宣传教育与科学健身指导相结合：目前，城市社区体育健身活动的参与者以退休居民居多，青少年参加者较少，中年人参加者则更少。退休后参加体育锻炼，一是有较多的余暇时间，二是受身体机能衰退和心理变化的影响，更加关注自身的身心健康。为了进一步改善体育健康水平，需要进一步加强对体育锻炼意义、作用和功能的宣传教育，通过各种形式的宣传、报道和培训来传播科学的体育知识与技能，形成体育健身的舆论导向，提高社区的体育意识，激发参与体育的动机，培养体育健身的兴趣，树立投资健康的新理念。

同时，要对城市社区健身活动开展科学的指导。实际上，在体育健身活动中，许多居民由于未能获得科学有效的指导，没有学会和掌握正确的健身方法和技能，极大地影响了锻炼效果，甚至发生了不应有的伤害事故，严重挫伤了居民参加体育锻炼的热情和信心，导致他们从此远离体育运动。

所以，在体育锻炼过程中应重视和加强对参与者科学健身的帮助与指导，使所有的参与者都能学会和掌握科学体育的健身常识、技术和技能，能科学地进行体育锻炼，从而增进健康、增强体质，并从中获得运动的乐趣和健身的信心，提高体育健身的实际效果，进而更好地推动城市社区健身活动的健康发展。

②构建完善的体育社团：城市社区健身活动的健康发展除了加强宣传、教育、引导培养体育意识，强化体育健康观念，科学地组织、管理和指导，还必须有较为完善的体育社团给予强有力的支持和辅助。

由于生活节奏的加快，生活水平的提高，加之运动不足和营养过剩，诸多现代社会的"文明病"（如肥胖、高血压、糖尿病、恶性肿瘤、神经衰弱等）以及环境污染等给人类的健康造成了极大的危害，并有继续蔓延的趋势。为此人们也比以往任何时候都更加关注健康，对体育健身的需求日趋强烈，期望拥有健康，享受高品质的生活。因此，构建完善的社区体育健身社团是十分必要的。各种体育协会通过经常举办老年性质的体育活动，将有相同兴趣、爱好和特长的社区集合在一起，有利于将分散的体育活动组织起来，使体育锻炼更加科学、合理、有序，也有利于老年参与者之间相互交流锻炼的经验和心得体会，创造良好的体育锻炼活动环境，养成锻炼身体的习惯，改善生活方式，提高生活质量。同时，有利于丰富文化生活和社会交往，缩短人与人之间的距离，增进感情交流，促进社会的和谐。

③改善城市社区的体育设施：众所周知，体育设施是影响大众体育健身活动开展的关键因素之一。体育场地设施是从事体育锻炼的重要前提条件之一。随着全民健身活动的广泛开展，健康观念和健身意识的改变和提升，越来越多的居民开始关注健康、投资健康，对体育健身的需求日益高涨。这使得体育场地设施的供给显得更加滞后，已经成为严重影响和制约社区体育健身健康正常发展的关键原因。

因此，改善城市社区的体育场地设施已成为当务之急。在现有条件下，本着以人为本、服务大众的理念，要逐步改善体育运动的条件，为大众提供参加体育锻炼必要的体育设施和健身服务。

为此除了依靠政府和有关部门兴建与扩建体育场馆、增加体育健身器械，各相关的职能部门还应积极主动地相互协调、联合起来，挖掘和开发现有体育场馆、健身器械的功能和利用率。同时，要重视和加强对社区内的企事业、机关、学校等单位所拥有的体育场地、体育设施进行科学合理有序地开放、使用和开发，以缓解大众体育场地设施的严重不足，最大限度地为社区提供可利用的体育锻炼场地和设施，尽可能地解决和满足社区就地就近参加体育锻炼活动的需求，从而加快推动社区健身活动的开展，使更多的社区积极参加体育锻炼，改善和丰富他们的生活方式，增进身心健康，达到提高生活质量的目的。

④城市社区健身活动的设计与组织：城市社区体育健身活动的参与主体是社区群体，包括不同性别、不同健康状况、不同体育基础、不同体育锻炼需求、不同文化程度、不同余暇、不同经济状况的群体，为了尽可能满足不同群体的体育需求，在设计与组织社区健身活动时要力求以人为本，与时俱进，统筹兼顾各群体特征的需要。在设计与组织城市社区全民健身活动时应注意考虑以下三个方面。

第一，立足社区，因地制宜开展体育活动。城市社区体育健身是某一特定区域内的体育活动，其目的是满足该区域内成员的体育需要。因此，在设计与组织时，必然是要立足于这个特定的区域，根据该特定区域内的体育需求、场地设施、经费等实际情况，因地制宜地确定体育锻炼的计划，有序、有针对性地开展体育活动。

　　第二，因人而异，一切从实际出发。城市社区体育健身活动的对象是某一个特定区域内的全体，其中还有残疾人参与，他们之间存在着不同的个体差异。同时，由于经济条件、文化层次、地域环境、家庭特点等方面的不同，他们的生理、心理特点都不一样，体育需求也各不相同。因此，在设计与组织城市社区健身活动时，一定要从本社区的特点出发，根据不同参与者的具体情况，一切从实际出发，因人而异地给予区别对待，选择适合他们的活动内容和活动形式，提高体育活动的质量，以满足不同参与者的体育需求。

　　第三，量力而行，注重科学性、实效性。社区体育健身组织还可以与社区其他非营利组织相互合作，开发和挖掘有利于健康服务的资源，共同推进社区健身服务进程，进而共享工作成果。在合作发展的过程中，体育公共服务与社区其他非营利体育组织建立起了紧密的联系，成为社区不可或缺的一分子。

　　开展城市社区健身活动是为提高群众的健康水平服务，要加强体育知识与健康知识的宣传，使锻炼者能充分认识到体育锻炼的效果不可能在短时间内就立见成效，不要急功近利、急于求成。只有循序渐进地坚持体育锻炼，才能取得理想的效果。在锻炼过程中要结合参与者的个体差异，对他们进行有针对性、科学合理的帮助和指导。活动应量力而行，要循序渐进地进行身体锻炼，有效地预防锻炼中伤害事故和疾病的发生，使锻炼者切实从中得到实惠，达到增强体质、提高锻炼效果的目的，让参与者更加积极主动、充满信心地从事体育锻炼，从而不断地提高他们的健康水平，进一步推动城市社区体育健身的健康发展。

（二）农村社区健身服务体系

1. 农村社区体育健身的内涵

　　农村体育是指在县及县以下广大农村开展的，以农民为主要参加对象，以增强体质，丰富社会文化生活，促进社会主义物质文明与精神文明建设为主要目的的群众性体育活动。

　　农村体育所涉及的内容包含有农村社区体育健身、学校体育、小城镇体育，还有少部分竞技体育成分。农村体育是体育事业的一个重要组成部分，是农村物质文明建设和精神文明建设的一个重要方面。它既关系到广大农民群众的身心健康，又关系到农村经济发展、文化建设以及大量的优秀体育后备人才的输送。

发展农村体育在体育事业发展中占有重要的战略地位，其发展有利于整个中华民族体质的增强，有利于农村物质文明和精神文明的建设，有益于丰富农民的业余文化生活，形成科学、文明、健康、向上的生活方式，可提高人们生活的质量。党和国家历来都十分重视和关心农村体育的发展，特别是党的十一届三中全会以来，农村体育发生了巨大的变化。

目前，农村体育活动正日益成为农民业余文化生活的重要内容，受到现代农民的欢迎。农村社区体育健身主要是指在人们共同生活的一定地域范围内（相当于村委会管辖地域的范围），以地域内的自然环境和体育设施为物质基础，以农民为主要参加对象，以满足日益富裕起来的农民对体育与健康的需求，增进身心健康，丰富文化生活，促进农村物质文明与精神文明建设和社会和谐发展为主要目的的群众性体育活动。农村社区体育健身是我国农村体育的重要组成部分。

2. 农村社区体育健身的特点

由于现阶段农村经济发展的不平衡以及农民的生产方式、生活方式的差异，使农村社区体育健身呈现出一些较为明显的特点。

（1）体育活动内容的传统性。

农村开展的体育活动多为民族传统体育项目，它们均带有浓厚的乡土气息，具有显著的文化传承特点。经过数千年的洗刷、融合、筛选、加工、提炼，许多优秀的体育项目一直流传发展至今，具有鲜明的民族传统特性，在传统节日里举办的具有民族特色的体育文化活动中都有所体现，如新年春节的龙灯、舞狮，端午节的龙舟竞渡，重阳节的登山活动以及赛马、叼羊、荡秋千、珍珠球、摔跤等众多项目，都带有明显的民族传统地域特色。

（2）参与活动主体的广泛性和体育活动开展的艰巨性。

我国是一个有着悠久文化历史并且正在进行积极改革开放的农业大国。无论是社会的稳定，经济的发展，文化的繁荣，还是体育事业的蓬勃发展，都离不开农村和农民。他们的体育健身效果关系到中华民族整体素质是否得到提高，他们的体质状况与健康水平直接反映出国人的体质状况和健康水平，具有相当的广泛性。由于我国农村地区辽阔，地域分散，经济基础比较薄弱且发展不平衡，大部分地区也才刚刚解决温饱问题，因此许多农村社区既缺乏体育活动场所和体育器材，又缺乏相应的组织和指导，加之农村受文化教育程度的局限，广大农民（包括不少村干部）对体育健身缺乏正确的认识，体育意识极为淡漠，普遍存在着"干了农活就不用运动"的观念，将农活等同于体育运动。因此，要使广大农村的大多数农民自觉、科学、有组织、有序地开展体育健身活动，是一项十分艰巨的任务。

（3）体育活动的季节性和随意性。

由于一年当中有农忙农闲之分，这就造成了农村社区体育健身活动会随着春耕农忙季节的变化产生波动变化。在农忙季节体育活动会较少开展，反之在农闲季节或是在隆重的节日里，体育活动则开展得较为丰富。改革开放以来，特别是近几年，随着农村物质条件的好转和机械化设备的广泛运用，闲暇时间的增多，使农村社区的体育需求发生了变化。农村体育活动的内容也更加丰富多彩了，参与者可以根据自身的具体情况，自行随意地选择自己喜爱的体育活动。体育锻炼的形式丰富多样，因人而异，因地制宜。

3. 农村社区体育健身活动的开展

（1）重视体育宣传与改善体育设施。

随着改革开放的不断深入发展，在建设具有中国特色的小康社会进程中，农民体育活动开展得好与坏，直接关系到民族体质和健康水平的发展趋势。农村的身心健康是建设小康社会的基本前提条件。发展农村社区体育健身在体育事业发展中具有举足轻重的战略意义和地位，其发展直接关系到中华民族的体质状况和健康水平。目前，虽然农村经济的发展和农民的生活水平得到了较大的提高、余暇时间增多，但是就全国而言，经济基础仍然较薄弱并且发展不平衡。不少农村社区体育运动器材短缺，同时缺乏相应的组织、指导和帮助。

农民受教育程度的限制，缺乏正确的体育健身观念。农民从改革中获得的更多闲暇时间并没有得到合理的利用和开发。因此，要用战略的眼光来认识对待农村社区体育健身的开展。同时，充分重视对体育的宣传，利用多种形式，加大宣传力度，针对不同群体开展不同层次、不同形式的宣传咨询活动，如利用广播、板报、咨询、辅导站等各种形式进行体育宣传。增设农村体育健身指导橱窗，宣传体育健身知识与健身手段和方法，宣传健康第一、体育健身的理念，转变和提高体育健身的意识和观念，引导和鼓励农民合理利用闲暇时间进行体育活动，丰富他们的日常文化生活内容，改善生活方式，提高生活质量。

要加强和改善农村体育场地设施的多元化建设，依靠各级政府支持和投资，并组织乡镇企业和社会各方的力量，有计划地改善和提高农村体育场地设施的建设规模和水平，为农民提供体育健身锻炼的物质条件，使其享受到基本的健身服务，提高他们的参与积极性和参与程度，推进农村社区体育健身活动的健康发展，促进整个民族身体素质和健康水平的提高。

（2）重视体育社团的建设。

农村社区体育健身社团是农村体育最基层的组织，直接接触、联系广大的农民群众，组织开展体育活动。目前，农村社区体育健身社团建设严重滞后，许多乡镇、村至今仍然没有体育组织，也没有专职或兼职的体育干部，致使农村的社区体育健身未能得到有效的开展，不能更好地适应社会主义新农村的建设。农村体育长期实践的经验证明，建立健全完善的体育组织是农民体育活动的基本保证，是开展健身活动的基础环节。长期以来农村社区体育健身活动难以开展，关键在于体育组织的严重缺失。所以，在开展农村社区体育健身活动时要关注和重视体育社团的建立、发展和完善，切合农村社区的特点和农村的体育兴趣、爱好等，成立不同的体育组织。通过体育组织（协会）经常举办体育活动和体育竞赛，将分散的体育活动有效地组织起来，科学、合理、有序地指导参与者进行体育锻炼，促进参与者之间的相互学习、相互交流，拉近人与人之间的距离，增进人们的感情交流，培养体育锻炼的意识，养成锻炼身体的习惯，有利于丰富他们的业余文化生活内容，改善他们的生活方式，提高他们的生活质量。

（3）结合农村社区特点，设计适宜的体育健身活动。

①坚持与生产劳动和文化活动相结合。

在组织农民参加体育活动时，既要坚持业余、自愿、小型、多样、因人而异、因地制宜、科学文明的原则，又要突出趣味性、健身性、娱乐性、社会性、民族性和科学性。同时，还要注重选择和设计与生产劳动密切相连的活动项目，选择地方特色浓郁、民间传统突出的项目，以适应和满足农民的实际需要，从而调动农民参与体育健身活动的积极性，逐步转变体育观念，增进身心健康。

②大力倡导和推广适合农村社区特点、经济实用的健身项目。

由于农村的经济发展水平滞后，体育锻炼的场地、器材设施有限，在设计体育健身项目时，要充分地考虑到这一现实特点，结合农民的实际情况，大力倡导和推广适合农村社区特点，简单易行、经济实用、科学健康的体育项目，逐步形成具有本地区特色的体育活动品牌，吸引更多的群众加入体育健身的活动中来。

③广泛开展喜闻乐见、丰富多彩的体育竞赛活动。

要坚持实事求是、科学务实的精神，设计出适合需求，具有农村社区特色，农民喜闻乐见的体育竞赛活动，力求使体育竞赛活动常规化、制度化。

各体育社团要充分利用传统节假日和农闲季节，组织开展多种形式的体育表演活动，并形成制度，定时、定期举行体育表演，为农村社区参加体育健身活动创造条件和提供服务。通过竞赛和表演活动，宣传普及体育健身的科学知识，提高参加体育锻炼的热情和积极性。

各体育社团之间要相互配合、相互联系、统一规划，前后有序地组织开展体育竞赛活动或举行表演活动，使农村社区的体育竞赛活动保持经常性、不间断性，随时随处有体育竞赛活动，营造良好的体育健身氛围，丰富农村社区居民的文化生活内容，抵御不良生活习惯的形成，改善他们的生活方式，提高其生活质量，构建和谐健康的社会主义新农村。

（三）家庭健身服务体系

1. 家庭体育健身的内涵

家庭是一种最普遍的社会生活组织。鉴于家庭在社会生活中的重要地位和在社会运行中的重要作用，我们应该将视野投向作为社会体育重要组成部分的家庭体育健身。认识家庭在生活中的作用，又是研究家庭体育健身的基本前提。

家庭作为社会的窗口，其规模结构、功能、角色家庭关系与家庭生活等方面的变化以及家庭问题的产生，都是社会变迁的结果，是社会政治、经济、文化、法律、道德和风俗习惯的反映。现代家庭的规模日益小型化、核心化，大家庭的比重日趋减少，小家庭的比重不断增多，家庭功能也逐渐发生变化。虽然家庭人口生育和抚育下一代的功能作为家庭的本质功能仍在延续，但家庭作为一个生产单位的功能在城市中已基本消失。与此同时，家庭作为一个消费单位的功能却得以强化，特别是现代社会老龄人口速度的不断升高，使家庭的健身娱乐功能日益重要，不可替代。

所谓家庭体育健身，是指以家庭成员作为活动主体，为满足家庭成员自身的体育需求，以两人或两人以上的家庭成员为单位进行的体育活动。此定义是以家庭的血缘关系或收养关系为前提的，并不介意其体育活动的地点是否在家庭内。

2. 家庭体育健身的特点

（1）人际关系的紧密性。

家庭体育健身是以家庭成员为单位进行的体育活动，它的最基本特征便是成员关系的紧密性。因为任何一个单独的家庭成员在和无血缘关系、婚姻关系或收养关系的家庭外成员一起进行的体育活动，均不能构成家庭体育健身。

（2）自娱自乐性。

满足自己和家人的精神需要，是当代人自我价值观念更新的一个标志，也是家庭体育健身的一个特征。家庭体育健身与竞技体育和学校体育不同，竞技体育和学校体育是参加者置身于一定的范畴，为特定的社会目的（或为争荣誉或为完成某项任务）从事的体育活动。家庭体育健身是家人在劳动、工作、学习之余，为了与家人团聚、松弛精神、消除疲劳、增进健康、融洽关系、消遣娱乐、治疗疾病、增进感情等进行的体育活动，自娱自乐性很强。

（3）生活化。

家庭体育健身一般是家庭成员在完成了职业劳动——工作、学习之后进行的家庭生活活动。家庭体育健身的这种生活性，反映了家庭体育健身是家庭物质生活与精神生活的一种补充。

（4）差异性。

因为各个家庭的文化背景、经济收入水平、成员的兴趣爱好等存在着差异，所以在家庭体育健身活动的频率、内容和空间选择上，以及在活动的组织形式和动机的选择上，甚至在消费水平上也是千差万别的。

3. 家庭体育健身的功能

（1）凝聚功能。

通过家庭成员共同参加体育活动，可以促进成员间的相互交流，有利于消除代际隔阂，融洽关系，增进感情，有利于在互相尊重的基础上，促进家庭的和谐、平等与民主，从而通过家庭凝聚力的提高促进家庭和社会的稳定。

（2）社会化功能。

人们对体育的态度和行为并不是与生俱来的，是社会化的结果。有学者在经过实证研究后指出凯尼恩关于"进入某种特殊活动（体育）的社会化，是角色志愿者通过社会体系内重要他者的影响而成为（体育）角色学习者的过程"这一理论观点，在中国的国情条件下同样适用。因此，家庭作为社会化的机构，它所展开的体育活动对下一代认识体育、参与体育具有重要的社会化作用。

（3）健身功能。

家庭体育健身通过一定负荷的身体活动有助于强身健体、预防疾病、增进健康。

（4）休闲娱乐功能。

家庭体育健身作为消遣娱乐的一种手段，可以实现轻松的气氛、与亲人团聚的欢乐、情感的交流、体力的恢复和情绪的调解，进而满足人们心理和精神上的需要，因此它具有休闲娱乐的功能。

4. 家庭体育健身的发展对策

（1）国家层面。

家庭体育健身是社会体育的基础，其发展程度如何，对我国体育发展有着重大影响。以下是从国家、社区、家庭层面提出发展家庭体育健身的对策建议。

①国家应加强家庭政策的研究，从家庭对社会发展的意义出发，确定家庭政策在国家总体政策中的位置，制定出更多适合国情的家庭政策。

②政府应充分发挥媒体的宣传作用，倡导家庭体育健身。引导家庭体育健身朝着正确的方向发展。

③要把发展家庭体育健身作为落实全民健身计划，发展群众体育的一项重要内容纳入体育发展规划，有计划地开展形式多样、内容丰富的家庭体育健身竞赛活动和家庭体育健身娱乐活动，促进家庭体育健身的普及与发展。

④借鉴发达国家的经验，在我国设"家庭体育健身月"或"家庭体育健身节"，进一步推动家庭体育健身的开展。

⑤要进一步发展体育产业，大力开发体育健身娱乐市场，为家庭体育健身活动创造更多、更好的活动场所。

⑥加强对家庭体育健身的科学研究和指导，为家庭体育健身活动提供更多的帮助。

（2）社会层面。

①将家庭体育健身与文明家庭、文明社区建设有机结合起来，促进家庭体育

健身的开展。

②改革传统的社区服务模式，由依靠政府办转向依靠社会来办，不断开拓新的社区健身服务领域，建立和完善社区福利和服务措施，为社区家庭提供多层次、多功能、多形式的健身服务。

（3）家庭层面。

①确立科学、文明、健康的生活方式和家庭体育健身文化。

②将家庭体育健身作为家庭成员间互动的载体，以及提高生活质量的手段。

③将家庭体育健身作为对下一代的体育教育，注意培养他们的体育兴趣和习惯，形成良好的体育生活方式。

第七章　全民健身与全民健康融合的理论与实践研究

全民健身这一新的生活方式是推进全民实现健康的重要措施。本章为全民健身与全民健康融合的理论与实践研究，分别从全民健身与全民健康融合的内涵、理论基础、面临的困境以及实践路径进行详细的阐述。

第一节　全民健身与全民健康融合的内涵

一、全民健康的概念

世界卫生组织提出，健康不仅只是指身体上没有疾病，同时心理健康也是重要的条件之一，此外还应该有一个良好的社会适应的状态，三者综合才算是完整意义上的健康。《辞海》中对"健康"做出了如下解释："人的器官得到了良好的发展，各个功能能够正常的运行，精神饱满，身强体壮而且能够进行正常的劳作活动，符合这些条件就称之为健康"，可以用相关的指标进行衡量来体现。① 钟南山院士曾提出，身体健康指身体各器官都没有病痛。这是对身体健康的生理方面的医学解释。

基于上述分析，我们可以认为"全民健康"是全体国民的体质和心理健康，是个体健康的结合，是在国家的带领下，人们通过普及健康生活的方式，以加强群众的健康意识，主动参加体育活动，形成良好的体育运动习惯，提高人们的幸福指数，实现全面小康的重要支撑和保障的一大工程。

---

① 辞海编辑委员会. 辞海 [M]. 1999 年版普及本（音序，三卷本），上海：上海辞书出版社，2019.

二、全民健身与全民健康深度融合的含义

获得健康的身体素养，与保持良好的日常生活习惯和饮食习惯有着密切联系。此外，长期坚持运动锻炼是获得身心健康的关键因素。从字面意思上来看，健身就是让身体保持健康。由此可知，健身与健康是存在因果关系的，健身是保持身体健康的前提条件。强调注重全民健身，为提升国民身心健康水平奠定坚实的基础，在国民生活饮食观念发生较大转变的背景下，实现全民健身与全民健康的深度融合已经成为必然要求。科学有效的论证，使推动全民健身发展更有时代意义，并为提出全民健康实施策略提供良好的导向。为促进全民健身与全民健康的深度融合，我们首先需要分析全民健身与全民健康之间的核心内涵，系统探索二者之间形成的综合性发展任务，有效掌握二者之间深度融合的关键因素，最终为明确全民健身与全民健康实施的核心作业点作出规划。全民健身与全民健康之所以存在因果对应关系，是因为二者拥有共同的服务对象，即所有的工作任务都是围绕国民身心素养开展的。因此，在推动实施全民健身规划安排时，需要构建以全体国民为中心的服务体系，全面、系统布局具有生命周期特征的健身策略，从而有效增进全体国民身心健康水平的整体性发展。鼓励全体国民积极主动参与身体锻炼，可以为竞技体育培养后备人才，从本质上来说，这是增强全体国民体质的必然要求和根本途径。

综合上述分析，实施全民健康战略规划，归根结底就是以服务全体国民身心健康发展为核心出发点，坚持让每位国民都能参与各项群众性锻炼活动。要想综合提升全民健康发展水平，就应该形成以思想观念意识为核心的手段或方法，引导全体国民树立正确的健身思想观念或意识，为高效推进全民健身战略规划进程打下良好基础。实现全民健康发展任务目标，需要从医疗卫生服务、健康教育服务及公共设施服务等方面出发，着力打造具有综合特色的健康服务体系。另外，系统分析国民生活质量和生活模式变化特征，同样应成为打造健康服务体系的要点。强调以运动锻炼的方式，逐渐改善全体国民身心素养，已成为世界各国构建全民健康服务体系的共同目标。因此，系统推进全民健身与全民健康的深度融合有着重要的时代意义。

实现全民健身与全民健康深度融合发展目标，需要将其作为一项系统性工程来看待，并遵循我国社会的发展规律。以引导全体国民树立正确的健康思想观

念或态度，是完善全民健身与全民健康深度融合的基础，只有促使全体国民积极主动参与各项身体锻炼活动，才能为有效实现国民身心健康发展目标奠定坚实基础。同样，各级政府主管部门需要积极推动健康产业的发展，从全体国民的健康实际出发，综合构建各项具有特色的健康服务体系。因此，贯彻落实具有导向作用的国民健康发展规划，必须制定以全民健身与全民健康深度融合为关键的重大决策。

三、全民健身与全民健康深度融合的因素

（一）社会因素

1. 经济因素

国家或区域间的经济发展水平，是影响国家或区域间实施全民健身战略规划进程的关键因素。例如，我国东部沿海城市拥有较为良好的经济发展基础，各级政府及相关部门可以通过划拨资金完善公共健身设施，满足地方群众健身锻炼需求，以此为实施全民健身战略规划服务，着力推动国民身心健康水平的发展。另外，区域经济发展水平获得良好发展，群众生活观念和方式同样会发生相应变化，多数群众倾向于以健康的生活理念改善身体质量。因此，在区域经济发展水平较高的城市，群众对获得公共健身设施的诉求也就相对较高，部分群众还会选择消费体育产品（如商业性健身场馆等），以此保持身心健康发展。综合而言，经济发展水平会影响，甚至决定全民健身与全民健康深度融合进程，各级政府及相关部门需要系统考虑地方经济实力，提前做好规划安排。

2. 组织因素

组织主体不同，全民健身开展方式也就存在差异。例如，在政府组织倡导下开展的全民健身活动，为全体群众共同、平等参与各项健身锻炼提供了基础性保障；由社区街道组织开展的各项健身活动，具备较强的公共娱乐特征，可以有效增加社区群众参与健身锻炼的体验感，为全面推进全民健身与全民健康深度融合奠定基础；以学校为主体组织学生参与体育健身锻炼活动，重在全面培养学生的身心发展素养，通过举办校内娱乐健身或赛事竞技活动，一方面可引导学生树立正确的健身意识，另一方面为我国培养各种体育竞技人才提供坚实保障。

3. 思想观念因素

思想观念是行为动力的先导，经济实力会影响思想观念。要想推动全民健身与全民健康深度融合进程，就应该坚持提升区域经济发展水平，引导区域群众树立正确的思想观念意识，以更加积极、主动的健身锻炼态度，参与各项群众性体育健身活动，转变健身思想观念，为获得健康的身体条件提供了保障。因此，各级政府部门及教育宣传机构，需要重视对全民健身思想观念的宣传。

4. 法律政策因素

法律政策是实施全民健身战略规划的重要依托。将全民健身战略规划纳入各级政府重点工作事项，并辅以必要的法律政策支持，是系统推进全民健康发展水平的有效途径。无规矩不成方圆，出台和完善有关全民健身的法律文件或政策方案，为全体群众提供相对稳定和扎实的健身锻炼环境，能够有效增强全体群众的系统健身意识，助力全民健身的发展。

（二）个体因素

1. 生理因素

健身锻炼是获得身体健康的必要条件，长期坚持体育锻炼，个体的身心素养就能得到较为明显的变化。在个体拥有良好的身心素养后，无论是工作、生活还是学习都能保持较为充沛的精力。因此，随着群众生活观念及态度的转变，选择体育锻炼成为增强体质的重要手段。尤其是老年群体，他们更加注重通过体育锻炼增强自身免疫力。

2. 心理因素

参加各项健身活动，在获得社会交际能力的基础上，能够实现个体的自我成就感和满足感。体育健身不仅是一种外在的体质调节，还是一种内在的心理改善，积极参加群众性健身锻炼活动，在与人交往过程中获得正确的健身锻炼方法，从而在心理和生理上产生一种自我满足感。从精神层面分析，这种自我满足感是个体兴趣形成的表现，是内在的升华。

3. 社交因素

体育健身锻炼活动，具有较强的群体组织性特征。群众参与各项体育健身锻炼活动的过程，同样是参与社会人际交往的过程，有利于构建良性的，具有互动特征的人际关系，增强群众之间的交流与沟通意识。各种线上社交软件的出现，打破了现代社会人际交往的格局，人与人之间面对面交流沟通的机会相对减少。通过举办各种线下体育健身锻炼活动，一方面可以有效解决群众线下交际需求，另一方面可以引导全民共同参与健身活动。

（三）内部因素

从全民健身与全民健康的互动关系来看，推动全民健身是实现全民健康的基础和前提，全民健康实现程度又是检验全民健身实施质量的重要依据。因此，全民健身与全民健康是相互联系的，同时又呈现相互融合的特征。要想系统提升国民身心健康发展水平，就应该着力构建全民健身服务体系，综合考虑全民健身与全民健康之间的关联。在国家大力推进健康中国战略的背景下，完善全民健身服务体系是带动全民健康发展的关键策略，必须考虑二者之间的关联性。

综合而言，大力推进全民健身与全民健康深度融合进程，要以把握当今社会时代发展趋向为前提，全面系统改革健康服务体系，增加全面健身与全面健康之间的内在协调性、互动性和关联性，将完善全民健身服务体系作为实现全民健康目标的主要手段，积极宣传全民健身理念，引导全体国民树立正确的健身意识，推动全民健身在全体国民中的深入开展。在增加国民身心发展素养的基础上，实现全民健身与全民健康的深度融合，为国家和民族复兴发展提供保障。

四、全民健身与全民健康深度融合的意义

（一）提升健康生活水平

长期坚持体育锻炼，可以有效提高身体免疫力，增加对病毒的抵抗能力，还可以获得相对健康的心理情绪状态，以积极乐观的态度或面貌迎接生活、工作和学习。当前，全球多个国家或地区正在面临不同程度的医疗卫生服务困境，要想解决这种困境，除需要积极完善医疗卫生服务体系外，还应该积极向群众宣传健身理念，引导群众树立正确的体育健身、体育运动价值观念，逐步增加全民健身规模，改善全民健康发展质量。由此可知，实现全民健身与全民健康的深度融合，是有效强化群众健身观念和健康意识的体现，能够进一步激发群众参与体育健身锻炼活动的热情，为获得健康的生活质量奠定坚实基础。因此，各级政府及有关部门需要将二者紧密地结合在一起，推动健康中国战略目标发展进程。

（二）促进体育强国梦实现

党的十九大以来，我国持续深入推进健康中国战略，通过将全民健身与全民健康深度融合，鼓励全体国民积极参与各项体育锻炼活动，这也为有效实现体育强国梦发展目标提供保障。

当今社会，我国群众生活观念发生较为明显的变化，倡导健康的生活方式和追求精神层面的满足感，因此要求各级政府及有关部门必须作出针对性的调整。其中，为有效解决群众对健康生活的需求问题，各级政府及有关部门应该加快全民健身和全民健康之间的融合进程，完善全民健身设施服务条件，开展多种类型规模的全民健身活动，增强群众参与健身锻炼的意识，以积极的态度加入各项体育健身锻炼活动，保持相对健康的身心。在此基础上，各级政府及有关部门可以积极组织各种竞技赛事，引导群众以较高的热情参与其中，保证体育强国梦发展目标能够有效实现。

第二节　全民健身与全民健康融合的理论基础

一、治理理论

最先出现"治理"概念的，是古希腊语中的"引领导航"一词。该词的含义是指，在特定范围内行使特有的权威，达到维持公共秩序的目标。针对治理开展的研究虽然有很多种，但大多都存在分歧，没有较为统一的观点或意见。当前，我国社会群体组织规模和种类呈现较为显著的变化，各级政府及有关部门开始加大对组织的管控治理，这也使治理理论的内涵得到扩充。综合来看，治理理论强调政府在治理过程中的主导作用，通过与被管控方的双向交流，从中获得反馈信息，以此调整社会治理模式，形成良好的运转机制。

二、健康促进理论

关于健康促进的概念解释，学术界虽然目前尚未形成明确定论，但是学术界共同持有的观点是，健康促进必须通过法律条例来实现。有效的健康促进手段和必要的法律支持，为人类社会和自然环境健康发展奠定坚实的基础。具体来说，健康促进理论包含以下三点：第一，要充分发挥社会基层组织的行动力量，以制定良好的公共策略为依托，为发展各类基层社区健康活动提供策略保障；第二，要充分尊重群众发展健康身心的意愿，构建以群众为中心的健康服务机制，为群众提供各种形式的体育健康锻炼活动；第三，政府及有关部门需要承担健康促进的职责，主动完善健康促进实施方向和策略，严格把控健康促进效果质量，以健全的卫生保健系统保证群众基本健康生活。

三、体卫融合理论

根据国务院最新印发的《全民健身计划（2021—2025）》，此前提出的"体医融合"概念已调整更改为"体卫融合"概念。新推出的"体卫融合"，重在探索建立体育部门与卫生健康管理部门协同合作的模式，并逐步实现全社会共同参与运动促进的目标。由此可见，"体卫融合"已成为国家当前及未来实施的战略规划之一，体育事业和医疗卫生事业共同融合发展，有利于构建有效的疾病防控体系。另外，《全民健身计划（2021—2025）》还提出"体卫融合"要向基层服务管理延伸。

当前，体育运动已成为保持身心健康的有效手段之一。积极参与各项体育健身锻炼活动，既能增强个人体质，又能形成良好的心理情绪。从人际交往关系方面分析，经常性地参加各种体育运动，有利于拓宽个体人际交往范围，提升群体归属感。体育运动是个体走向群体的良好途径，也是个体主动选择构建社会关系网的表现。因此，长期坚持体育锻炼，能够增加个体身心素养，强化个体社会交往能力，逐步实现个体与群体共同的价值导向，构建正确的体育运动观和良好的人际关系网。

综合来说，体育运动有益于发展人的身体和心理素养，良好的体育身心素养又是发展学习、生活和工作质量的基础。在积极倡导和推动全民健身的背景下，提升全面健康水平成为实现健康中国目标的重要依据。

强调体育能够提高人的身心健康水平，并不代表体育完全具备治疗疾病的功能。通过体育运动改善个体身心素养，需要一个长期、循序渐进的过程，以实现预防、减弱或延迟疾病发生的目标。参加体育运动，能够使人体各项机能活力得到充分释放，这有助于提高身体免疫力，增加抗疾病的能力。因此，强调体育事业与医疗卫生事业的融合发展，实际上是构建一种符合群众健康观念需求的新模式、新方法。

四、公共体育服务理论

公共体育服务属于公共服务体系的组成部分，即公共体育服务是建立在公共服务基础之上的。从二者的联系和区别角度来看，公共体育服务和公共服务都存在社会公益特征，即面向社会群体开展帮扶工作。公共服务是由政府主动向社会群体提供的，公共体育服务是在社会群体要求之下提供的。由此可知，开展公共体育服务，必须以社会群体对健身的需求为前提，通过满足社会群体健身需求实现全民健身、全民健康的发展目标，逐步推进全民健身与全民健康的深度融合进程。在开展公共体育服务过程中，各级政府及有关部门需要重视体育志愿者发挥的作用。

根据国务院印发的《"十四五"公共服务规划》，着力推动公共服务发展，健全完善公共服务体系，持续推进基本公共服务均等化，成为一项基本要求。作为社会公共服务体系的组成部分，完善公共体育服务模式同样具有重要的积极作用，这是实现全民健身和全面健康的重要举措，在增强社会群众身心健康发展质量的同时，逐步实现体育强国梦。

第三节　全民健身与全民健康融合面临的困境

一、中国当前全民健康和全民健身的基本情况

经济发展水平是影响群众生活观念的重要因素，在获得较为稳定的经济来源后，群众更倾向于追求高质量的健康生活。因此，推动高质量发展、实现群众生活幸福及社会和谐稳定的新局面，成为国家当前及未来工作的主要任务。其中，引导全体群众树立健康的生活观念，逐步完善全民健康服务保障体系，需要各级政府及有关部门发挥支持作用，辅以必要的资金和政策支持，真正将全民健身与全民健康深度融合。自党的十八届五中全会确立"健康中国"概念后，各级政府

开始贯彻落实全民健身和全民健康计划。此外，更是多次强调要引导全社会群众构建良好的生活观念，积极推动社会群众参与健身锻炼活动，以健康的生活质量提升整体公民健康指数。促进全民身心健康发展，必须完善全民健康服务体系，以保障和满足社会群众基本健身需求为出发点，深度融合全民健康和全民健身，助推体育强国梦的实现。

综合来看，当前我国全民健康状况不容乐观，尤其是常见的慢性疾病（如肥胖症、糖尿病、高血压等）正在呈现年轻化趋势，对日常生活、工作和学习等产生较为严重的影响。究其原因，主要与现代生活节奏压力有关。随着现代生活节奏的加快，我国年轻群体面临来自生活、工作及学习各方面的压力，从而导致饮食睡眠无规律、无计划，最终影响个人身心健康。基于此种趋势或现状，如果各级政府及有关部门不能有效制定针对性的策略，那么最终只会使全民健康状况持续恶化，影响社会经济发展。

除饮食睡眠无规律、无计划的影响外，缺乏全民健身场地设施条件同样会阻碍群众身心健康发展。截至2021年末，我国现有体育场地397.1万个，体育场地面积34.1亿平方米，人均体育场地面积2.41平方米。由此可知，我国人均体育场地面积仍需持续改善，积极为社会群众提供适合全民健身的场地及设施条件。与世界体育发达国家相比，我国人均体育场地面积的发展相对落后，如与美国相比，我国人均体育场地面积仅为美国的1/4。这从侧面反映出，全民健身场地设施资源人均占有率不足，会在一定程度上影响全民健康发展水平。需要指出的是，虽然我国人口基数大、人口数量位居世界前列，但是基于国家战略规划安排来分析，如果不能有效解决人均资源占有率问题，那么势必会影响社会群众生活状况，从而导致各种矛盾问题积弊。因此，积极完善各类体育场地设施建设水平，成为改善国民身心健康素质的主要途径之一。

二、全民健身与全民健康深度融合发展基本态势

（一）最高领导人高度重视全民健身与全民健康融合发展

自党的十八大召开以来，以习近平同志为核心的党中央高度重视全民健身与全民健康深度融合与发展事业，并把全民健身和全民健康作为国家战略写入

"十三五"国民经济和社会发展规划。由此可见，我国积极倡导全民健身计划，不断为全民健康发展提供有效服务。根据习近平总书记多次发表的有关全民健身及全民健康的系列讲话，全民健身与全民健康存在着逻辑辩证关系，即全民健身是促进全民健康的前提条件，建设体育强国与健康中国，必须重视二者之间的辩证关系。习近平总书记重要讲话精神，成为推动全民健身与全民健康深度融合发展的重要依据，为实施健康中国战略作出方案路径指导。

（二）全民健身与全民健康深度融合发展的国家策略支撑

《"健康中国2030"规划纲要》颁布前后，有关全民健身促进健康的国家政策也先后出台，主要由中共中央、国务院、体育总局、教育部等部门颁布。这些文件的出台，为全民健身促进全民健康提供了强有力的政策支撑。《"健康中国2030"规划纲要》颁布前，《体育发展"十三五"规划》《全民健身计划（2016—2020年）》《青少年体育"十三五"规划》于2016年5月、6月、9月密集出台，《体育发展"十三五"规划》倡导进一步营造崇尚运动、全民健身的良好氛围，《全民健身计划（2016—2020年）》提出到2020年，提高群众参与体育健身的意识，提升参加体育健身群众的比例。《青少年体育"十三五"规划》提出普遍学会一项以上终身受益的体育锻炼项目，促进青少年健康。这些国家政策的出台，为《"健康中国2030"规划纲要》的出台打下了坚实的基础。2016年10月25日，中共中央、国务院印发了《"健康中国2030"规划纲要》（以下简称《纲要》），《纲要》颁布后，2017年2月和4月，又相继出台了《关于推进学习体育场馆向社会开放的实施意见》和《中长期青年发展规划（2016—2025年）》，前者是由教育部和国家体育总局共同发布的，破解体育场馆供需关系，为大众健身提供场所。后者是中共中央、国务院发布的，对象为14~35岁青年，要求通过体育健身锻炼，在较长时间内促进青年健康，并培养青年终身锻炼的良好习惯。

（三）全民健身与全民健康深度融合发展成果

《纲要》颁布至今，全民健身与全民健康深度融合已取得了不错的成果。从目前的成果来看，主要是由体育部门和卫健委通力协助完成的，是体医结合的典范。对全民健身和全民健康深度融合的内涵和外延进行归类，这些成果基本上属于深度融合的内涵发展，至于外延的发展成果。从目前的资料以及各级政府公布的项目计划来看，还没有成熟的融合案例。分析认为，深度融合的外延成果较缺乏的原因可能与《纲要》颁布至今时间较短有关。此外，全民健身与全民健康深度融合的外延大范围特点决定了"大健康"战略需要较长周期，为完成深度融合的外延"大健康"战略，需要先做好深度融合的内涵发展，并在发展的各个阶段，构建和布局外延发展所需的各个要素，使内涵发展到一定程度后能顺利过渡到外延发展。《纲要》颁布后，体育部门和卫健委做了大量的前期工作，通过 1～2 年的准备，在 2018 年集中产出了融合成果，并逐一从 2018 开始得到应用和指导。成果包含了适合学龄前儿童、儿童青少年、中老年人以及成年人（青年人）各个年龄段的健身指南，这对完成全民健身与全民健康融合，完成《纲要》各项健康指标打下了良好的基础。

（1）《骨关节活动操》。2016 年，考虑到人口老龄化问题逐步突出，老年人骨关节易发生骨量丢失，在此背景下国家国民体质检测中心针对老年人关节活动，编制了一套《骨关节活力操》，并录制成教学视频。为老年人健身锻炼，减缓骨量丢失的速度，改善健康起到了良好的作用。

（2）《中国儿童青少年身体活动指南》。世界卫生组织提出青少年儿童应减少屏幕时间，增加身体活动时间，同时需要保证足够的睡眠时间，结合《纲要》健康水平目标中的青少年儿童健康，国家儿童医学中心、上海交通大学医学院附属上海儿童医学中心、上海体育学院、复旦大学附属儿科医院共同编制了《中国儿童青少年身体活动指南》，该指南梳理了来自学生、家长、教师等各方面对中国儿童青少年身体活动最关注的 10 个问题，在参考国际上 28 个指南推荐意见的基础上，首次给出了儿童青少年每天身体活动和久坐行为的推荐量和限制要求。提出社会各界对儿童青少年身体活动的关注，家庭层面提供更多的身体活动机会，学校层面提供更多的身体活动项目，社区提供更多的身体活动场所和竞赛活动，各界合力促进儿童青少年良好身体活动习惯的养成，全面提升儿童青少年健康水平。

（3）《学前儿童（3～6 岁）运动指南（专家共识版）》。《纲要》提出，加强体医融合和非医疗健康干预、推动形成体医结合的健康服务模式。在体医融合指导下的身体活动是促进学龄前儿童良好发育的一项重要举措。学生各项身体素质监测结果不理想与学龄前身体活动不足有密切的关联，因此在学龄前儿童的科学身体活动已成为当前全民健康的一项重要任务。2018 年 6 月，由北京体育大学、首都儿科研究所、国家体育总局体育科学研究所牵头完成的《学龄前儿童（3～6 岁）运动指南（专家共识版）》对学龄前儿童的身体活动有了科学的指导，考虑儿童身心特征，不仅以游戏方式发展动作技能，而且兼顾多项身体素质，增加课外身体活动等，在培养生活能力的同时也提高了学生健康水平。

（4）《全民健身指南》。2018 年 7 月，国家体育总局发布了《全民健身指南》，归纳集成国家"十五""十一五""十二五"国家科技健身健康支撑项目，该指南涵盖了诸多年龄段人群运动健身指南，为群众提供了大量的运动健身方案，体现了"量身定做"和"私人定制"特征，为满足大众对运动健身不断增长的科学指导需求提供了可参考的方法，使大众百姓的运动健身更具科学性。

（5）《科学健身 18 法》。2018 年 8 月，国家体育总局选在第十个"全民健身日"发布了《科学健身 18 法》，主要是为那些不受时间、地点、场地限制的人群编制，随时随地进行健身，健身同时放松身体、预防疾病，促进健康。

三、全民健身与全民健康深度融合成果转化与应用

以信息技术为核心的新一轮科技革命深刻影响着体育的各个领域，结合"健康中国"及"全民健身"等重大国家战略的实施，信息化建设助推体育在各个方面、全过程的发展。《纲要》颁布以来，在近 7 年的时间里，全民健身与全民健康深度融合取得了较多的成果，其部分成果的转化及应用已初见效果。

一是全民健身科技助力（2016—2020 年），取得了国民健身智能化管理系统成果和全民健康智能化管理系统成果，该管理系统包含诸多健身监控软件以及智能化平台。主要有 5 个方面的应用。

（1）大众健身方法及健身项目选择 App 平台。为大众提供了诸多健身项目以及每个项目的健身锻炼方法，群众可依据自己的爱好、时间、地点等情况进行选择，同时 App 平台提供健身动作视频教学，在健身期间记录所有锻炼轨迹，并对健身成效给予阶段性的评价和指导建议。

（2）体育场馆供给 App 平台。为解决场地供需矛盾起到了很大的作用。群众可以通过这个平台随时查看周边区域免费或收费健身场地开放情况，场地健身人群情况。

（3）智慧健身绿道。主要用于群众走、慢跑等活动，跑道等距离设置了信息处理器、定位装置、心率测量等，第一次输入了个人信息后，后期只需每次刷脸或扫码打卡，系统会记录健身走距离、心率、能耗等。

（4）智能化轻、重健身类器械。这类装置上均安装了数量、重量记录器，使每次锻炼的数据能够准时反映到显示屏，并上传手机 App。

（5）智慧体育公园。

一是建立将现代信息技术应用于全民健身的理念和文化。各级政府、社会组织和参与体育健身活动的群体要充分认识现代信息技术在场馆设计、信息发布、健康检测、健身方法等方面的重要功能，主动了解和掌握健身智慧化的基本路径和方式。

二是科学健身促健康中国行。2016 年和 2017 年分别推行了"2016 给力健康"和"2017 全家一起"活动，在 26 个城市建立了体质检测区、科学健身指导区、全家一起互动区、健身节目展演、科学健身走、力量互动体验区等。2018 年和 2019 年在北京、上海、河南、山东、辽宁、福建、广东等省市进行骨关节活力操群众大赛，带动了大量的群众积极参与全民健身，对全民健康起到了促进作用。

三是科学健身促健康示范区。用近 4 年时间在学校、社区、企业、健身中心、养老中心等 26 个基层进行全民健身与全民健康深度融合模式研究，建立了政府模式、企业模式、社区模式、学校模式、体医结合模式、工会模式、体养结合模式。

四、中国当前全民健身和全民健康融合面临的困境

（一）国民健身意识不强

当前，我国多数家庭仍较为注重孩子的学科成绩，这种应试教育观念会在一定程度上减少孩子的体育健身锻炼时间，进而影响孩子的身心健康发展水平。随着素质教育的深入实施和"双减"政策的出台，学生自主活动时间虽然得到上升，但受限于电子产品设备的影响，用于玩游戏或看视频等方面的时间逐渐增多，多数学生尚未形成自主锻炼意识。

学生是未来国家各项事业建设的主力军，如果学生不能加强体育锻炼意识，那么就会影响国家未来发展水平。面对经济社会快速发展，在人民物质生活水平

得到改善的情况下，我国各级政府以及有关部门需要出台相关健身运动政策，鼓励全体国民积极参与各项体育锻炼活动，引导全体国民形成积极的国民健身意识。

（二）资源分配不合理

综合来看，我国体育健身场地设施资源配置存在结构化差异，东部沿海城市拥有相对健全的体育健身场地和器材，并且拥有较高的人均资源占有率。之所以会出现这种状况，很大程度上是受区域经济发展水平的影响。另外，随着社会群众生活观念的改变，部分城市群众要求获得健身资源设施的呼声越来越高，现有的体育健身场地设施资源无法高效满足群众健身需求，这会加剧体育健身需求与体育健身资源配置的矛盾现状，最终影响社会群众身心健康发展水平。

（三）缺乏专业素质人才

体育健身专业素质人才，主要负责指导体育健身人群形成正确的意识和方法，以此获得健康的身心状态。综合我国高校学科专业设置分析，除体育类院校外，其他性质的院校缺乏对运动康复专业和运动医学专业的合理规划，专业课程设置存在不完善的问题，并且缺乏相对明确的复合型教学人才培养体系。另外，受跨专业实践平台的限制，部分院校学生无法综合提升基础运动和医学康复技能，即基础运动和医学康复理论与实践融合程度不足。相对于体育类院校而言，我国医学类院校学生缺乏良好的体育素养，如运动基础薄弱、专业运动技能运用水平较低等，这与院校体育课程设计有关。

近年来，我国逐步培育约 200 万名社会体育指导员，他们主要负责指导群众养成正确的体育锻炼观念和方式。由于缺乏对基础医疗知识的系统学习，多数社会体育指导员无法为体育锻炼群众提供有关体育锻炼方面的医学知识。

（四）体育和卫生部门合作不深

推动全民健身与全民健康深度融合机制，强化体育部门与卫生部门协同合作水平是其中关键因素，这有利于构建集约型"绿色医疗"体系。

传统的部门运行机制存在单一性特征，这使包括卫生、体育、医药等在内的部门缺少双向沟通合作渠道，容易产生"零散管理"的现象。综合来看，卫生部门主要负责构建临床医学、诊断学、公共医疗体系建设与发展工作，并没有将以体育为核心的卫生服务纳入工作范围，具体包括体育疾病预防与康复工作、非医疗卫生干预工作、健康教育和医疗服务等。

体育健康管理应该涵盖公共健身、体育康复及相关体育健康服务等内容，在实际的管辖范围中，体育部门与卫生部门缺少对体育健康管理工作的合作意识，进而导致多数体育专业人士缺乏对与体育相关的医学服务知识的了解。同样，我国医疗卫生服务系统仍旧缺少对体育健身方面的关注，并没有形成相对健全的预防体系。面对我国人口基数大的现状，部分群众仍然未能形成较为全面的体育锻炼意识和健康观念，严重影响体育部门和卫生部门合作开展全面健身工作的效率。忽视运动与医学的系统结合，只会与全面健身与全面健康目标相脱离，从而影响"运动与医疗"法律保障机制建设进程。另外，我国体育和医疗一体化支持服务和非医疗干预，仍旧需要确立融入公共卫生和临床医学的措施。

（五）业态模式开发度不够

全民健身与全民健康深度融合产业属于体育产业范畴，体育产业是指为社会提供直接相互竞争的体育产品和服务的体育活动和部门。全民健身与全民健康深度融合产业业态是指活动各部门提供大众的商品类型、组织形式、管理模式等。

1. 产业链不够完整

全民健身与全民健康深度融合产业是指其所涉及的全部产业集合，主要包括两项产业活动，即体育促进健康和健康服务，覆盖健身休闲、医疗保健、居家锻炼等业态，健身休闲、运动促健康、康复疗养、健康管理、体育用品、营养保健及相应产品等制造业均属于其范畴，涉及领域广。目前，全民健身与全民健康融合产业发展中存在着严重的产业链断节现象，市面上企业均为单一环节，各领域融合度不高，仅涉及产业链中的一个或几个环节。例如，当前大多数健身俱乐部只注重健身休闲方面的服务，体育产品、运动康复及居家锻炼等相关产业结合度不够。

2. 管理制度不健全

"体育＋健康"属于新兴产业，无论是国家及政府还是企业内部在管理上都存在较多问题，如管理部门不明确。全民健康与全民健身融合产业属于多部门、多领域融合性产业，涉及部门种类广泛，如运动康复，既要受体育局的管理和约束，又要受医疗等其他部门管束。不同部门管理方式不同，可能会出现摩擦，导致一些企业在听取决策时不知该遵守谁的准则，管理归属权问题导致矛盾产生。

3. 新型产品创新度不高

产品不断创新有利于满足当前人们多元化的健身及健康需求。在这个信息技术快速发展的时代，"互联网+"虽然应用广泛，但在融合业态中创新度不高，千篇一律。在体育方面现即使已经出现了智能穿戴产品、虚拟现实运动体验设备等，但研究也不透彻，还停留在使用阶段。

第四节　推动全民健身与全民健康融合的实践路径

一、全民健身与全民健康深度融合的体制机制

将全民健身与全民健康深度融合作为实现国民体育素养发展的系统工程，需要构建符合全民健身与全民健康深度融合的体制机制。以综合分析二者融合过程为出发点，把握二者融合过程涉及的领域环境、部门机构等影响因素，只有确定融合过程中出现的关键影响因素，才能有效解决国民体育健康发展过程出现的各种问题，控制国民体育健康发展方向。

当前，我国积极构建以预防为主、防治结合的健康促进模式，并将疾病预防与治疗融合切入作为实施健康促进计划的目标。在不断优化全民健身服务体系的背景下，我国全民健身与全民健康深度融合的进程正在相对缩短，形成以体育管理单位和全民健康卫生单位为主导的发展格局。

对卫生休闲为主导的全民健康工作为切入点进行分析，为了规范、优化以及综合指导全国的健康教育与健康促进工作有效落实，现阶段虽然实现了多部门之间的协作，但没有将体育运动纳入工作任务之中，没有充分利用体育资源优势为健康服务提供发展助力。全民健身与全民健康向着深度融合转化，本质上是社会对全民健身与全民健康深度融合发展的一项隐性需求。由于两个系统之间长期处于一种分离状态，主导的两个工程部门结构之间的相关主体已逐渐形成一种正式的制度，存量已经逐渐积累到一定的程度范围，在观念和行为上逐渐对制度的惯性有了新的认识，产生了一种基础的路径依赖。为此只有全面梳理制度体系建设，

将其作为全民健身与全民健康深度融合的核心，才能实现各项工作的落实。

二、全民健身与全民健康深度融合的注意事项

需要明确的是，推动全民健身与全民健康的深入融合，需要以确立时间发展规划为基本前提。在构建以政府主导为主要模式的基础上，辅以必要的人力、物力及财力等资源支持，结合区域体育健身发展环境和体育健身资源配置情况，综合制定具有针对性的融合方案，确保能够有效推进全民健身计划的落实和全民健康水平的发展。综合而言，各级政府及有关部门需要统筹考虑多种因素对深度融合进程的影响，既要把握内在因素（如政策导向等），又要把握外在因素（如群众观念意识等）。具体可将多种因素分为动力基础要素、政策基础要素以及融合支持要素内涵等。

其中，动力要素可以有效地推动全民健身与全民健康二者之间的充分融合，政策要素充分指导二者之间的有效融合，支持要素主要是为实现二者之间的融合提供全面细致的工作基础条件。从现阶段动力要求的核心内涵分析可知，全民健身与全民健康的深度融合所涉及的不同组织结构、部门结构以及系统环境之间的有效协同，尽可能地推动不同主体环境内容融合的动力，包含个体和社会对运动促进健康的核心基础要素内容、市场竞争因素内涵以及不同主体追求下的利益最大化的因素结构。从政策要素的核心内容分析可知，通过细致化的分析以及管理的判断和决策结果之间的相互融合，实现全民健身与全民健康的深度融合，不同层次环境下的融合效果需要全方位的正常化指导分析，为此政策要素包含国家、区域以及操作三个方面角度的分析。从支持要素分析可知，所有工作的有效落实包含组织结构、体制机制以及科学的支持分析等方面，是全民健身与全民健康融合的基础保障和核心支持。在选择全民健身与全民健康深度融合的路径探索之中，要切实按照实际的基础要素进行分析优化，充分彰显和发挥运动对健康的促进作用，为"健康中国"战略的落实提供高效的支撑和基础保障。

全民健身与全民健康深度融合的提出，成为当前全民健身工作落实推进的新起点，也成为现阶段全民健身工作有效落实的新要求。从观察当前中国的时代发展背景下全民健身工作的高效发展历程可知，全民健身与全民健康的深度融合已经取得了一定的成绩，因此在进行后期的全民健身与全民健康深度融合的路径选择上，

我们也应充分结合当前时代发展的必然路径，将时代发展背景下落实全民健身发展的规律以及取得的实际经验，从而满足中国的基本国情和时代需求，遵循以政府为主导的工作机制构建，全面推动中国全民健身与全民健康的深度融合工作。

三、推动全民健身与全民健康深度融合的路径

（一）国家统领全民健身的贯彻落实工作

在推动全民健身与全民健康深度融合进程中，国家各级政府部门发挥着主导作用。从全局性角度考虑，国家各级政府部门需要完善全民健身工作方案，并贯彻落实好全民健身工作安排，重点把握开展儿童和青少年健身活动的关键地位。另外，国家各级政府部门需要加强对学校健身教育工作的监督和指导，全面开展各类具有特色的学生健身活动，激发学生参与身体健身锻炼的热情，引导学生树立正确的体育运动观、体育生命观和体育健康观。最重要的一点是，国家各级政府部门应该要求学校合理安排健身时间，为学生参与健身运动构建良好的环境氛围，从而缓解学生在学习方面形成的压力，以积极健康的身心状态学习课程知识。系统推进全民健身与全民健康深度融合进程，还应该加强对老年群体参与体育健身活动的诉求和关怀，为老年群体提供各种专业化的体育健身资源，鼓励和倡导老年群体参与各项体育健身活动，丰富老年群体的空闲业余生活。

（二）共建多组织部门的综合性协作体系

全民健身和国民健康的深度融合需要多部门协助，着力共建综合性协作体系。在国家层面上，应当由国务院牵头，组织体育卫生、教育、交通等部门，组成协同作战的"大健康"管理机制，形成联合推进会议机制，共同探索有效工作方法，促进全民健身与健康资源的共建共享，并总结经验在各级党委政府和学校中推广使用，早日建成多方参与的全民健身与国民健康紧密融合的战略体系。

（三）发挥政策对全民健身的引领作用

政府的顶层设计是全民健身与国民健康融合机制建立的方向盘。一方面，国家应当加强全民健身和国民健康融合发展的顶层设计，要制定操作性强、可持续性的发展战略，明确职能部门，做好责任划分，建设问责、追责机制，确保战略

得以贯彻落实。另一方面，各责任部门应当主动担责履职，根据上级指示精神制定工作细则和落实办法，建立县、乡、村三级综合卫生服务平台，做好政策指导和技术保障，制定"体育促进健康"等决策纲要，努力营造全民健身健康生活的氛围，着力推进全民健身与国民健康融合机制的建设与完善。

（四）培养具有专业素质的复合型人才

人才的培养是全民健身与国民健康融合发展的重要保障，全民健身和国民健康要进行深度融合，必须有与之对应的复合型人才。要不断树立"加强运动与医学结合"的观念，将体育与医学相结合，迈出"全民健身，健康中国"的建设步伐。体育和医学等专业院校应当积极探索"融合人才"的培养办法，着力挖掘人才最大潜力。

一方面，国家要出台相应政策支持院校联合办学、联合培养，不断促进医学与体育专业的深度融合，为健康中国战略的实施提供人才保障。另一方面，要培养"健康的守门员"，医学课程是体育院校的短板弱项，体育课程同样是医学院校的短板弱项。所以，在课堂设置、师资引进等方面，学校应当进一步加强体育院校与医学院校的交流与沟通，建设教学资源共享平台，探索院校合作途径。努力推动医学院与体育院校合作，制定集医学、康复、营养、体育于一体的"体医结合"的专业课程体系。在学校安排跨专业实习岗位，让医学生到体育院校交流学习，让体育生到医学院进行深入了解，努力培养复合型人才。

（五）促进公共服务资源的合理分配

合理配置公共体育服务资源，不断完善公共体育服务供给侧结构性改革体系，以缩短东西部、城乡间公共体育服务资源形成的差距为目标，为推动全民健身与全民健康深度融合奠定基础。具体来看，各级政府部门需要贯彻落实基本覆盖、公平平等、可持续发展的理念要求，重点关注城乡青少年群体及老年群体的体育健身诉求。同时，以完善城乡基本医疗卫生服务体系、体育文化教育体系为工作内容之一，深度推进体育事业与公共医疗卫生服务事业的融合，实现体育健身对疾病预防的管理。除此之外，各级政府部门需要加强与社会体育组织的合作力度，通过规范、引导、鼓励社会体育组织开展各类全民健身活动，增加社会群众参与各类体育健身活动的积极心理，为更好地服务于健康中国发展目标做铺垫。最重要的是，应该建立健全以政府为主导、公众参与为特征的公共服务实施、评估与监督体系，为推动全民健身活动开展提供制度保障。

在新时代下，全民健身与国民健康的深度融合能不断推动健康中国目标的早日实现。如何促进全民健身和国民健康融合，是今后体育和医疗系统相互协作、深入研究的问题。二者在相互融合的过程中，还存在较多问题，如缺乏专业人才、资源分布不平衡等，亟须得到国家有关部门的高度重视，以进一步增强顶端设计，强化政策引领，不断健全和平衡健身场所、健身器材等资源，为全民健身和国民健康深度融合提供政策和设施保障。此外，全民应当树立"大健康"观念，在健康中国的浓厚氛围中积极作为，切实增强健康意识，不断促进全民健身与国民健康融合机制建设，为建设健康中国贡献力量。

（六）创新优化融合产业的业态模式

加快推动全民健身与全民健康融合产业业态模式向品质化、智能化、便捷化、高端化发展是当前的重中之重。

（1）调整产业链布局。充分利用"互联网＋体育""互联网＋健康"优势优化产业结构，提高组织效率。通过技术融合、市场整合等多层次相互渗透，达到优化产业链的目的，形成协调、全面的"互联网＋"全民健身与全民健康深度融合产业链。

（2）完善"体育＋健康＋互联网"融合政策。建立共同适用于体育、健康、"互联网＋"等部门的法律法规，避免多重标准、多重管制的现象出现。同时，建立良好的法治环境，鼓励社会各界进入市场，激发市场活力，推动全民健身与全民健康深度融合。

（3）利用科技创新产品供给。鼓励科技创新，运用可视化、远程操作等手段开发高科技产品。大力支持体育、医疗、养老、旅游融合发展，推行健康、养生、养老、休闲、旅游等多元化功能相结合的"康养小镇"，以满足当前人们的需求。

（七）搭建完善的全民健康知识体系

要想构建一套全民健身与全民健康实现融合的知识体系，第一要素便是构建全民健康的知识体系，主要原因是全民健康的知识体系可为全民健身的实现提供理论指导。现阶段人们虽然可以更全面立体地认识健康，即摆脱原先"无病即健康"的粗浅认知，转变为身体、心理、社会适应能力等全方位的健康，但人们尚未将与健康相关的知识体系融合。换句话说，现阶段人们的健康知识体系尚不完全，目标体系尚未明确，所以在通向全民健康的道路上荆棘重重。

第二要素是更新全民健身的知识体系，让人们掌握最新关于全民健身的相关理论与知识。由于种种原因，体育学的人体研究重点主要集中在"更快、更高、更强"的运动技能上，反而忽略了运动对人体的健康促进作用。具体来说，运动对人体机能影响的相关研究，主要集中在人体机能如何支持更高水平的运动技能和如何减少运动性疾病或运动损伤两方面。在学术界深化运动对疾病预防或康复作用研究的背景下，关于运动对疾病的预防或促进疾病康复的内容，其研究数量十分显著地增加。就运动的健康促进作用，还存在研究成果缺乏的问题。鉴于此，学术界应重新审视现有的知识结构，以此意识到其中的不足，并加以完善，从而打造一个与运动促进健康理论密切联系的知识体系。

（八）政府相关部门加大支持的力度

现阶段，国内大部分地区的室外健身场地都存在硬件条件不足的问题。面对这些问题，政府相关部门应该尽可能地承担地自身的职责，从政策以及资金上保证专业体育设施得以建设完成和硬件环境得以完善，以此来保证全民健身效率获得提高，广大居民参与健身活动的积极主动性被充分激发。

具体而言，面对经济发展水平相对较高且带有一定特色的乡镇，可以适度引进市场机制，促使健康产品更加丰富多样，以此来保证广大群众的健康需求得到多元化、个性化的满足。政府相关机构可以通过宏观调控，在资金及政策上给予一定的倾斜，给予那些具有一定资质的企业、个人或实体等，以投标、资格认定等方式，完善现有的体育资源，保证人们的健身需求可以得到更好的满足，进而推动全民健身与全民健康实现深度融合。

参 考 文 献

[1] 文秀丽，曹庆雷.我国全民健身智慧化发展价值、现实样态及路径 [J].体育文化导刊，2022（5）：48–54.

[2] 张佃波.社会力量参与全民健身公共服务供给：现实审视与实践路径 [J].体育文化导刊，2022（2）：63–68.

[3] 卢文云，王志华.多重需求叠加下我国全民健身发展战略思考 [J].上海体育学院学报，2022，46（1）：10–19.

[4] 刘红建，高奎亭，徐百超.中国全民健身政策体系演进历程、优势特征及效能转化研究 [J].体育学研究，2022，36（1）：91–102.

[5] 孙成林.我国全民健身体育场地发展现状、制约因素及对策研究 [J].西安体育学院学报，2021，38（5）：571–579.

[6] 郑家鲲."十四五"时期构建更高水平全民健身公共服务体系：机遇、挑战、任务与对策 [J].体育科学，2021，41（7）：3–12.

[7] 史小强，戴健."十四五"时期我国全民健身发展的形势要求、现实基础与目标举措 [J].体育科学，2021，41（4）：3–13+59.

[8] 卢文云.习近平总书记关于全民健身的重要论述研究 [J].北京体育大学学报，2020，43（11）：1–8.

[9] 李金.社区教育教师教学能力模型研究 [D].上海：华东师范大学，2020.

[10] 龙佳怀，刘玉.健康中国建设背景下全民科学健身的实然与应然 [J].体育科学，2017，37（6）：91–97.

[11] 陈华荣.实施全民健身国家战略的政策法规体系研究 [J].体育科学，2017，37（4）：74–86.

[12] 刘国永.实施全民健身战略，推进健康中国建设 [J].体育科学，2016，36（12）：3–10.

[13] 胡鞍钢，方旭东.全民健身国家战略：内涵与发展思路 [J].体育科学，2016，36（3）：3-9.

[14] 朱素芬.社区教育教师多元角色研究 [D].上海：华东师范大学，2013.

[15] 强薇.社区教育与远程教育衔接的可行性研究 [D].上海：华东师范大学，2011.

[16] 向艳梅，周结友，陈亮，等.全民健身公共服务体系研究：成果、特点与展望 [J].浙江体育科学，2021，43（5）：12-18.

[17] 刘闯，季景盛.大众体育全民健身体系的构建 [J].区域治理，2019（48）：242-244.

[18] 罗旭.我国全民健身服务体系的理论与实证研究 [J].体育科学，2008（8）：81-96.

[19] 边福荤，武东海，王守力.政府职能转变与社会需求双重作用下全民健身体系构建研究 [J].广州体育学院学报，2017，37（1）：5-7+11.

[20] 王若光，刘旻航，啜静.全民健身体系"特色"的民俗学思考 [J].北京体育大学学报，2015，38（2）：7-13，20.

[21] 万义，胡建文，白晋湘.少数民族地区民俗保护与全民健身体系的同构 [J].上海体育学院学报，2009，33（6）：25-29.

[22] 续川.以科学发展观构建和完善全民健身服务体系 [J].体育文化导刊，2006（5）：5-8.

[23] 周传志，翟爱民，杨冉.家庭体育与全民健身体系的构建 [J].武汉体育学院学报，2005（5）：76-78.

[24] 董新光.关于全民健身体系的理论构架 [J].体育文化导刊，2005（5）：5-7.

[25] 王锐.我国城市老年人体育健身活动现状综述 [J].山东体育学院学报，2002（1）：91-94.

[26] 经建坤.21 世纪武术在城镇居民全民健身运动中发展前景之研究 [D].桂林：广西师范大学，2004.

[27] 柳鸣毅.健康中国背景下全民健身公共政策分析 [J].中国体育科技，2017，53（1）：38-44.

[28] 汪波，李慧萌.论多元化全民健身服务体系的概念与结构 [J].体育科学，

2011，31（2）：5–11.

[29] 肖林鹏.论全民健身服务体系的概念及其结构 [J].西安体育学院学报，2008
（4）：6–11.

[30] 李相如，展更豪，周林清，等.我国城市社区实施全民健身工程的现状与对
策研究 [J].体育科学，2001（2）：28–33.